東北大学処分粉砕闘争

石井恭平
ISHII KYOHEI

幻冬舎 MC

東北大学処分粉砕闘争

1975年当時の東北大学川内キャンパス

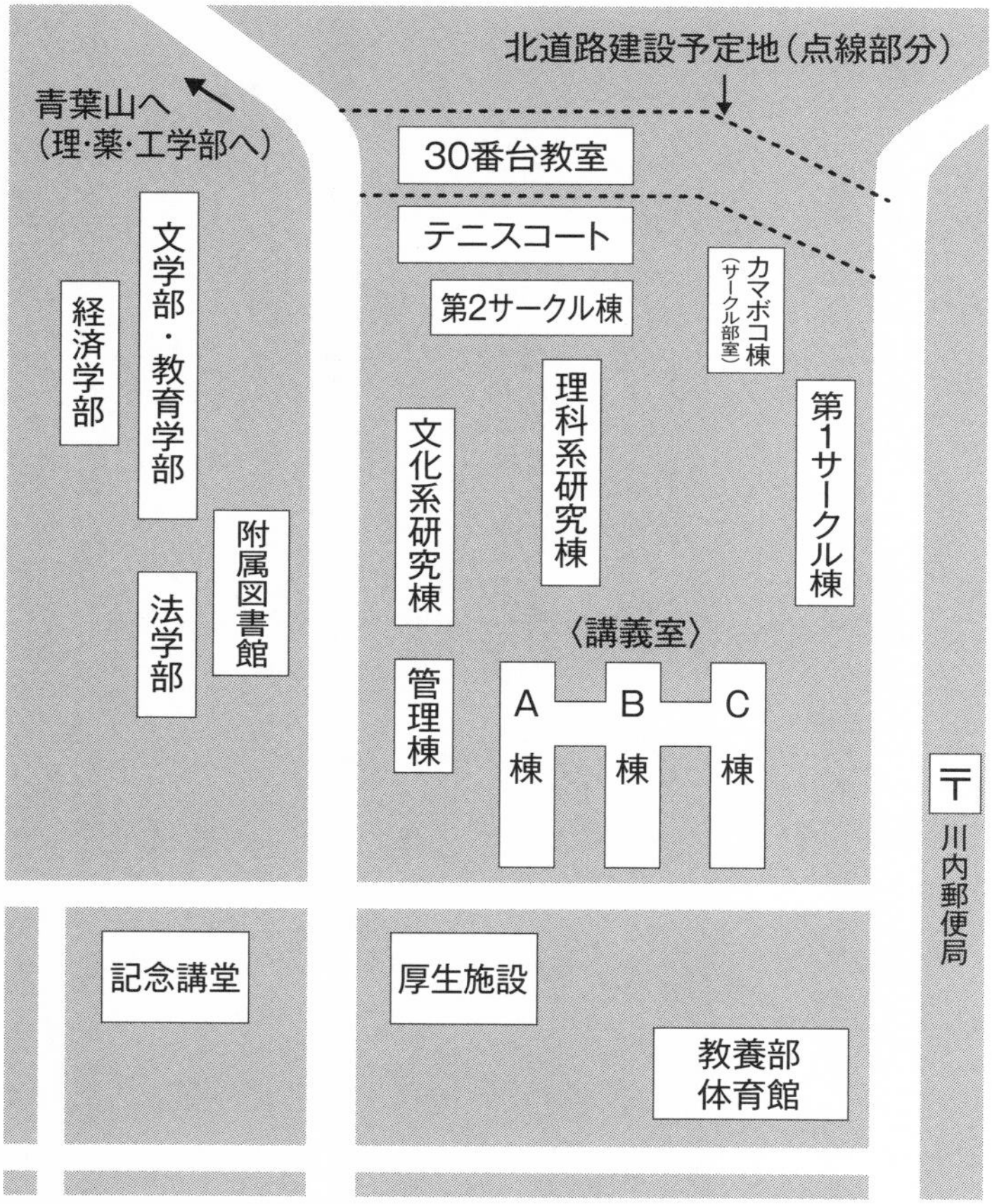

※川内・青葉山総合移転計画では次のようにサークル棟が取り壊されることになっていた

30番台教室 ━━➡ 北道路（点線部分、仙台市の市道）
第1サークル棟 ━➡ 駐車場
第2サークル棟 ━➡ 会議室

「30番台教室」とは、テニスコートの上にあった1階建ての木造建築物である。名称は「教室」であったが、大学当局はすでにサークル部室として改修し、1973年（昭和48年）から3年間にわたりロックアウトしていた。各部屋の大きさは、せいぜい数人の学生が入ればいっぱいになった。部屋には、机やイスなどの備品は全く備えられていなかった。

「30番台自主使用」は、「サークル協議会」によって行われ、東北大学処分粉砕運動の発端となった。「サークル協議会」は、「1サークル1部室」をスローガンとして掲げ、「部室のないサークル」にも部室を確保しようとした。一方で、大学側は、「第1サークル棟」や「第2サークル棟」に入っているサークルを「30番台教室」に移転させようと、「サークル協議会」に強硬に迫っていた。学生側は、大学側がすでに確約した「教養部恒久サークル棟」の具体的な建設予定を示さない限り、「30番台教室」には移転できない、と拒否した。というのも、「30番台教室」は大学のキャンパス移転計画では、将来的に取り壊されて仙台市の市道になることが明らかになっていたからである。

目次

プロローグ

私が高校に入学したのは、世界的な若者の叛乱の季節の後であった。１９６８年のフランス五月革命、アメリカのベトナム反戦や公民権運動に結びついた学生運動、日本でも東大安田講堂攻防戦、全共闘運動の全国の大学での展開など世界中でスチューデント・パワーが吹き荒れていた。

ところで、私は、茨城県北部の栃木県に近い田舎で生まれた。中学校では、日曜日にラジオで放送される『ポップス・ベスト10』を聞くのを楽しみにしていたふつうの少年であった。世界中で起こる出来事については、新聞などでよく知っていたものの、自分の実感として受け止めることまではできていなかった。

私は、１９７０年に高校に入学した。毎朝、高校に登校するときに、軽音楽部の演奏する『バック・イン・ザ・U．S．S．R．』が耳に飛び込んできた。現在でもこの曲の最後のリフレインが鮮やかに耳によみがえってくる。ここで〝U.S.S.R.〟というのは、ソビエト連邦（現在のロシア）のことである。当時は、ソビエトは最初の社会主義国として、まだ知識人などにもユートピアをふりまくことができていた。この曲は、ビートルズらしく反体制的な気分を見事に反映していた。

さて、私たちは高校紛争の直後に入学したおかげで、その成果をさまざまに享受することができた。その中でも「自由」の大切さを心ゆくまでかみしめることができた。実際、教師たちは、高校紛争の余波により、生徒に義務や規則を振り回すことは一切なく、生徒の自主性を重んじてくれた。このことは、その後の私たちの人生にも大きな意味を占めた。私たちは、自由に批判することの大切さも知った。まず、現代社会を批判しなければ、社会が変わるはずはないと思っていた。問題点を見つけずに、解決策も見つかるはずはないのである。若者には、社会を自由に、批判的に見ることができるという特権がある。私たちの時代の感性は、フランス五月革命の落書きに見事に語られていた。

「舗道の敷石をはがすと、そこは砂浜である」
「禁止することを禁止する」

ここで、本来のテーマに立ち戻ってみたい。なぜ今になって１９７５年当時の東北大学処分粉砕闘争について書く気になったのか。もうあのときからすでに50年近く過ぎてしまった。しかし、これは当時の東北大学処分粉砕運動を冷静に振り返るには、ちょうどよい時間であるように思われる。

現在は、少なくとも日本では、学生運動もすっかり下火になり、若者もすっかり保守的になり、現状維持を望むようになっている。全世代の中で、自民党支持がもっとも多いのは、20代の若者であるとも言われている。これについては、いろいろな分析が行われているが、なかなか納得できる説明は見つからない。私は、若者は、いつの時代にも反抗的であり、既存の社会システムに不満を持っているのではないか、と思うのである。ただ、表現の仕方が違うだけなのではないか、と思ったりする。

ところで、私たちの世代もすっかり年をとってしまい、当時の熱かった時代の記憶もすっかり忘れられようとしている。また、本来なら当時の状況を生き生きと再現してくれるはずの証人もいつか忘れ去られ、処分紛争当時のビラも散逸してしまうばかりである。また、残念ながら、当時のことについて書かれた出版物も、現時点ではほとんど見当たらない。[1]

さらには、当時、学生運動に関わった仲間もほとんどが沈黙を守ったままである。そして、私も同じようにずっと沈黙を守ってきた。しかし、数年前に千葉県佐倉市の国立歴史民俗博物館で行われた「『1968年』—無数の問いの噴出の時代—」（2017年10月11日~12月10日）展を見たとき、東北大学での学生運動のことが全く空白になっているのを見たのである。この叛乱の、社会的な激動の時代には、東京大学や日本大学で始まった学生運動が全国的に波及して多くの大学で大学紛争が起こった。実際に、この展覧会では、北海道大学、弘前大学、広島大学などの資料が展示されていた。しかし、東北大学の資料は全くなかったのである。これを見て、どこか寂しさを覚えるとともに、共有できるような記憶を残しておく必要性を感じたのである。東北大学では、当時、1965年からほぼ3年毎に学生運動の全学的な高揚が見られた。1969年には、大学立法粉砕闘争が高揚し、9月には教養部の無期限ストライキが行われた。東北大学でも、全国的な学生運動の高まりに呼応して、問題意識を持った学生が立ち上がったのである。しかし、1993年に教養部が廃止されるとともに、学生運動も表面上はすっかり下火になってしまったようである。この点で、文部省（「文科省」の前身。2001年以降は、文部省と科学技術庁が統合されて文部科学省になる）や大学当局が行おうとしてきた学生運動の封じ込めは、表面的には非常にうまくいったようにも見える。しかし、それ以降も、あたかも埋火のように、地下の水脈では時代の感性をとらえて、どこに向けたらよいのかわからない怒りや悲痛な思いを秘めている若者も、きっと大勢いるに違いないと思うのである。「学生運動の温床」になっているとして、文部省や大学当局の改革・解体攻撃の対象となった教養部は、大学の「教授――助教授（准教授）――助手（助教）――院生――学生」という講座制のヒエラルキーにもかかわらず、学生にとっては、専攻の学科や学部を超えた自由で、活発な交流が可能な場でもあった。そして、教養部自治会などを通して、幅広く多くの学生が結集し、危急の社会的な問題などに対して抗議行動を起こしたり、社会的に意見を発信していく場でもあった。ところが、政府や大学当局は、1969年頃の全国的な学生運動の高揚を教訓として、「教養部解体――講座制」へと徹底的な学生分断を行っていく。東北大学においても、1969年頃からすでに始まった、教養部を廃止して、紛争のない大学にする中教審路線がどのような歪みをもたらしたか。この軌跡をたどってみることは、大学とは何か、という問題を考えるときにヒントとなるはずである。また、1960年代から1970年代の全国的に高揚した、大学紛争の一つのケーススタディにもなるはずである。だれでも自分の生きた時代から自由には生きられない。ましてや、何らかの希望に燃え、未来に挑戦しようという熱い想いを抱いている若者にとっては、自分の生きている時代は、とても深い影響を及ぼすはずである。同じように時代を懸命に生きようとした私たちの大学紛争の時代の経験も、きっと貴重なものになるはずである。沈滞しつつある現代的な状況の中で、社会的な孤立や分断ではなく、新しい共同性を回復することが、これからの社会変革の契機となると思われる。

これは、当時の処分粉砕運動の記憶を蘇らせようとする一つの試みである。これを一つの契機として、さらにいろいろな資料や証言が集まり、内容も充実して、その中から新しい発見と歴史の姿や教訓が見出されるならば、私にとってこれよりうれしいことはない。

注釈

1　これまでのところ「1969年における東北大学の学生運動：豊田武教授収集資料を通じて」（加藤諭、東北大学史料館紀要、2012）、「1970年代における東北大学の学生運動」（加藤諭、東北大学史料館紀要、2014）があるのみである。

その1　始まり

30番台教室自主使用まで

私は、大学に入ってすぐに、「社会経済研究会」という『資本論』を読むサークルに入った。当時の言い方を借りれば、いわゆる「部室のないサークル」であった。東北大学の第1サークル棟などで、読書会の度に事務棟で鍵を借り、冬になると、時代遅れの古い真っ黒な石油ストーブをつけて暖をとる。このようなどこかわびしいサークル活動であった。私がどうしてこのサークルに入ったかというと、現代社会を知るためには、経済学を勉強することが大切だと思ったからだった。複雑な現代社会は、もはや感性だけでは把握できず、何かの社会科学的な方法が必要だと思われた。この点で、歴史的に現代社会の存立構造を明らかにしてくれそうな、カール・マルクスの『資本論』は、きっと何らかのヒントを与えてくれるはずだった。

このサークルには、司法試験を目指している一人の法学部の学生もいた。私は、なぜ、弁護士を目指し、毎日図書館で長い時間過ごして、司法試験の準備に熱心に取り組んでいる学生が『資本論』を読むのか、とても興味があった。

「どうして『資本論』を読もうとする気になったのですか」

「弁護士という仕事は、どちらかというと体制を守る仕事のように思われている。でも、それが自分にはすごく嫌なんです。確かに、現行の法律を解釈し、その中で問題解決の道を探っていくことになる。でも、どうしてこの法律が作られたか、という歴史的な視点で見ると、法律も新しく、流動的な視点で見えてくる。『資本論』を読むと、現在の法律が、決して太古の昔からある普遍的なものではない、というのがわかってくる。資本主義体制ができてから現行の法律が作られ、その歴史的・特殊性の中から生まれた。このように法律を考えてみると、弁護士という仕事が、決して体制的で窮屈な仕事ではなく、もっと自由な視野が開けてくるはずです」

私は、1年間ほどかけて、法学部や経済学部の仲間とともに、『資本論』をレジュメなどを作りながら読み進めた。そして、ようやく、全3巻の中の第1巻を読み終えるところまで到達した。ちなみに、チューターを兼ねた顧問は、大内秀明（経済学）教授であった。当時は知るべくもなかったが、運命の歯車により、後に、紛争収拾の最終局面で、急遽、教養部長として登場することになる。大内教授はなかなか気さくな人で、年に1、2度行われる「社会経済研究会」の打ち上げにも、よくウィスキーを持参して駆けつけてくれた。そして、学生の質問にもていねいに答えてくれた。

「大内先生は、日本を代表するマルクス経済学者である宇野弘蔵の弟子だと聞いています。ところで、宇野弘蔵の『原理論』『段階論』『現状分析』という3段階理論というのは、世界的にも受け入れられているんですか」

「残念ながら、世界的にはぜんぜんだめだね」

私は、大内教授が、後に紛争収拾の過程で教養部長になってからは、残念なことに身近に話したことはなかった。とはいえ、大学構内で偶然出会ったりすると「よお〜！」などと言って手を振ってくれるなど、相変わらずサービス精神が旺盛だった。ところで、「社会経済研究会」の内部では、仲間内で次のような会話も交わされたりした。

「大内秀明さんは、社会党支持[1]なんですか」
「確かに社会党支持なんだけど、社会党員でない唯一の学者なんだよ」

さて、話をこの本のテーマの方に戻そう。私たちの『資本論』を読むというサークル活動が1年間ぐらい過ぎた頃、1975年6月23日に、「サークル協議会」によって、「30番台教室[2]」の自主使用が行われた。東北大学では、「教養部恒久サークル棟」の問題で、学生側の「サークル協議会」(通称「サ協」)と大学側の「サークル活動専門委員会」(通称「サ活専」)との間で数年間にわたって継続した交渉が行われてきていた。

ここで、「サークル協議会」と「サークル活動専門委員会」について簡単に説明しておききたい。まず、「サークル協議会」は、当時、110ぐらいあった教養部のサークルを束ねる学生側の組織である。学生側には、文化系サークルの「文化部サークル協議会」（ふつうは、「文化部」を付けずに「サークル協議会」と呼ばれていた）と運動系の「運動部会議」の二つがあった。大学側の窓口は、「サークル活動専門委員会」と呼ばれていた。これは、1971年1月23日の学生側と大学側との申し合わせで、初めて使用された名称であった。ちなみに、それまでは、「部室運営委員会」（大学側）と「部室委員会」（学生側）と呼ばれていた。

このとき、「部室のないサークル」の一つであった私たちの「社会経済研究会」でもこの問題について話し合いが行われ、「30番台教室」に入って「サークル協議会」の「30番台自主使用」という方針を支援しようということになった。というのも、実際のところ部室がないということは、サークル活動の制約にもなり、十分な活動ができなかったからである。サークル活動をしていく中で、みんなで共有できる空間があるということはとても大切なことであった。

ところで、この方針がサークル部室問題にあまり関心がない、多くの学生にも受け入れられるためには、「部室のないサークル」が自主使用を始めた「30番台教室」に入って、できるだけ大衆的に盛り上げる必要があった。現在、「サークル協議会」が中心に行っている「30番台自主使用」の正当性を、戦闘的にビラで訴えるというやり方だけでは、一般学生の支持を得られない。一般学生の支持の裾野を広げるためには、すべての「部室のないサークル」がここに結集することが必要であった。ということで、私も、身近な仲間をここに誘ってみることにした。

私は、「社会経済研究会」以外にも、大学に入学して間もなく始めた「濫觴《らんしょう》同人」（「濫觴」とは、「物事の始まり」という意味である）という同人誌に参加しており、私を含めて同学年の４人の仲間がいた。大学は、喩えれば広い海のようなもので、自分がやりたいことや仲間を探すためには、まず何か自分で始めなくては一歩も進まない。そして、このような状況により、いろいろなサークルをかけ持っている学生も見受けられた。私にとって「濫觴同人」は、どちらかというと文学部を中心とするメンバーで、雑誌を通して表現活動をする場でもあった。この同人誌の「趣意書」には、「言語化して表現することにより問題意識や疑念をさらにはっきりさせ、深化あるいは内在化していくならこの雑誌の初頭の意図は達成されたものと信ずる」と書いてあった。

「30番台教室自主使用」が始まって間もなく、文学部で同人の佐々木雅男君にこの間の状況を説明した。すると、彼は「まず30番台に入ってみないと何も始まらない」という見解であった。そこで、他のメンバーの文学部の寅野滋君、工学部の金森敬君と4人全員で集まって、この件について話し合った。その結果、私たちが「30番台教室」に入ることに意見が全員一致した。そこで、「サークル協議会」に行って話をつけて、空いているサークル部室を用意してもらった。これが私たちにとっての、新しい1ページの始まりであった。これまでのごく日常的なサークル活動と、クラスの仲間との、入学してからほとんど皆勤のコンパなどを通しての日常性からの大いなる転機ともなった。

「サークル協議会」による「30番台教室」自主使用

「サークル協議会」と大学当局との「教養部恒久サークル棟」の建設と「30番台教室」の使用を求める交渉は、この2、3年すっかり膠着《こうちゃく》状態となり、双方とも鋭く対立していた。このような状況の中で、「サークル協議会」は、1975年6月17日のサークル協議会総会で次のような新たな提案を行い、決議された。

「『1サークル1部室』の原則に基づき、部室のないサークルを中心として30番台教室自主使用を開始する」

この方針により、自主使用を開始する4日前の6月19日に招集された「部室のないサークル連絡会議」で、「30番台教室自主使用」を行うことを再確認した。また、6月21日には「サークル協議会」の求めにより、サークルの代表者だけでなく、「全サークル員会議」が行われ、この方針が再度全体で確認された。そして、いよいよ6月23日から学生による「30番台教室自主使用」が開始された。このことに関して、「サークル協議会」は、大学側に理解を求めるべく、高橋富雄（日本史）教養部長に、「30番台教室自主使用」に理解を求める意見書を提出した。しかし、大学当局は、この日の夕方に急遽、臨時教授会を開き、これは「不法占拠」であり、学生の退去を命令することが決定された。

このような状況で、まず、「社会経済研究会」が6月23日の2、3日後に30番台教室に入り、次に、数日後に「濫觴同人」が入った。部室には、ほとんど机やイスもなく、「部室のないサークル」は、とりあえず部室としての空間を確保しただけという状態であった。

大学当局は、これにより6月下旬に予定されていた「サークル協議会」と「サークル活動専門委員」との団交を拒否した。そこで、「サークル協議会」のメンバーは、教養部長団交を求めて、教授会が開かれた講義室に行って、教官に直接的に団交開催を要求した。すると大学当局から「教授会妨害」「厚生補導委員長不法拘束」などの警告が次々と出された。

その後、7月に入り、1週間もすると講義も終わった。大学も夏休みに入り、キャンパスの学生の姿もどこか閑散としてきた。コンクリートのＡＢＣ講義棟だけが、どこかけだるく夏の日差しを浴びていた。ところが、夏休みで学生がいなくなるのを見越したかのように、大学側は、7月24日早朝に、青葉山に機動隊を配置し、大勢の教養部教官と事務員を動員して「30番台教室」を再ロックアウトしたのである。

サークル部室問題のこれまでの経過

ここで、「サークル協議会」による「30番台教室自主使用」までの経過を見てみよう。そのためには、まず、東北大学の長年にわたる懸案となっていた「大学キャンパスの移転計画」を見る必要がある。

１９６５年に、東北大学「川内・青葉山総合移転計画」[3]が発表された。ところが、この移転計画の中には、サークル棟に関する具体的な計画は何も含まれておらず、現在使用中の木造の第1、第2サークル棟は取り壊されることになっていた。そして、移転先と予定されている「30番台教室」は、仙台市の市道の通過予定地となっていたのである。

この「川内・青葉山総合移転計画」が、「サークル協議会」を中心とした学生の求める「1サークル1部室」「教養部恒久サークル棟」の実現に、さまざまな影響を及ぼすことになる。この間の大学側と学生側の何度もの交渉については、この後でもっと詳しく歴史的な経過をたどることにする。

１９７０年に、東北大学では、大学改革を進めるために、評議会内に大学改革の理念と方向性を検討する「第一改革委員会」（通称「一革委」）と、大学の管理運営を検討する「第二改革委員会」（通称「二革委」）が設置された。

１９７４年3月に、「第一改革委員会」が評議会に「東北大学の編成及び研究教育体制の改革に関する答申」（通称「一革答申」）を提出した。これは、「教養部恒久サークル棟」の実現性に決定的な影響を与えることになるのである。というのも、この「一革答申」には、教養部を廃止し、講座制をとることなどが主な方向性として盛り込まれていたからである。もし、将来的に教養部が廃止されるならば、「教養部恒久サークル棟」を建設する理由はなくなる。ただし、この答申が出されたものの、教養部廃止についての東北大学内での検討は始まったばかりであった。とはいえ、全学的にこの方向に向かいつつあり、しかも、これまで教養部の教官は、研究条件などで学部の教官と比較して肩身の狭い思いをしていた。この全学的な教養部廃止の流れの中に、「教養部恒久サークル棟」の建設計画も飲み込まれようとしていた。そこに、大学当局の１９６９年当時から現在に至るまでの姿勢の変化も反映されていた。それでは、まず「教養部恒久サークル棟」問題の始まりである「佐川確約」について見ていこう。

1969年5月14日に結ばれた佐川確約

この確約は、「教養部恒久サークル棟」問題のすべての起点となっている。当時の佐川修（漢文学・中国哲学）建築委員長は、次のように述べていた。

「サークル部室を収容する本建築を即刻建築すべきであるという意見について趣旨として何ら異論はないが、文部省が定めているサークル部室基準面積は僅少であるので……あらゆる機会を通じて、他大学とともに強力に文部省に働きかけつつある現状である。なお、これの実現が早急に見られない場合は、学内措置として恒久的建築を実現する決意があることを表明する」（傍線は著者による）

これは、学生側が、「大学当局は『恒久サークル棟』の実現を確約した」と何度も言及することになる「佐川確約」である。ここには、大学当局は、サークル部室が不足している現状を認識しており、もし文部省が充分な予算措置をしないならば、下線部のように「学内措置として恒久的建築を実現する決意がある」と表明されている。これ以後は、これを軸にして「教養部恒久サークル棟」についての交渉が学生側と何度も行われていく。

１９７2年2月9日、「サークル協議会」は、「サークル活動専門委員会」との団交で、「川内・青葉山総合移転計画」とサークル棟との関係についてその内容を明らかにすることを求めた。この計画の中では、現在使用しているいくつかのサークル棟が壊され、しかも、代替措置がはっきりしなかったからである。しかし、大学当局は、約１５００名もの大量留年を出すことになる学費値上げ阻止闘争の高揚を理由にして、春休み中にかけてサークル棟を一方的にロックアウトし、会見要求を拒否した。

1973年1月12日、「サークル協議会」と「サークル活動専門委員会」との団交（通称「サ活専団交」）が行われた。このとき、民青系[4]が「サークル協議会運営委員」（「サークル協議会」の執行部。5名定員）のヘゲモニーを握っていた。彼らは、サークル員全体の意見を全く無視して、一方的に大学当局の「移転案」を承認する協定を結んでしまった。しかも、これは密約であり、その内容は、その後4か月間も、サークル員を含めて一般学生には明らかにされなかった。

ところが、1月19日に「社会思想研究会」というサークルから、「1・12協定」に関する公開質問状が「サークル協議会運営委員」に提出された。これに対して、当時の民青系「サークル協議会」は、サークル協議会総会も開こうとせず、質問に答えないなど、全く説明する姿勢を見せなかった。

2月15日、「第1、第2サークル棟」の取り壊しに反対するサークルは、民青系の不透明な「サークル協議会」の運営の仕方に対抗して、「サークル連合」を結成した。

5月25日、サークル協議会総会において、「サークル協議会運営委員」の改選が行われた。

ここで民青系「全学連」統一候補に対して、「恒久サークル棟即時実現・恒久サークル棟の保証なき移転反対・1サークル1部室・自主管理自主運営・第1、第2サークル棟の改修存続」をスローガンとする「サークル連合」統一候補が勝利した。これにより、ようやく1月12日に民青系「サークル協議会」運営委員が大学側と結んだ密約の内容が明らかにされた。特に問題となったのは、恒久サークル棟の保証のないままの「第1、第2サークル棟」の「30番台教室」への移転であった。この移転先の「30番台教室」は、市営道路が通過する予定があり、いつ解体されるかわからなかった。

１９７３年の「1・12協定」では、「『30番台教室』は、恒久的サークル棟ではない」という大学側との最低限の再確認だけはなされていた。しかし、「第1、第2サークル棟のサークルは30番台教室に移転する」ことなどの内容が問題であった。これは、前年の「サークル協議会」での10・18決議「1サークル1部室」「恒久サークル棟の保証なき移転反対」に全く反するものであった。しかも、これ以降は、大学当局はこの協定を根拠にして、一貫してサークル部室の「30番台教室」への移転を学生側に迫ってくることになる。つまり、大学側から「教養部恒久サークル棟」建設の確約がないままに、学生側は、いつ取り壊されるかわからない「30番台教室」に移転させられることが問題なのであった。これでは、サークル部室が大学側の都合により、いつ一方的に取り上げられるかわからないことになる。

7月3日、「サークル協議会」と「サークル活動専門委員会」との団交が行われた。大学当局は、「教養部恒久サークル棟」建設については、次のように回答した。

「教養部として最重要項目の予算として恒久サークル棟建設案を出す気でいる」

しかし、大学当局は、「教養部恒久サークル棟」の建設に努力していると強調するだけで、いつになったら実現するのか、という具体的な期限は全く示さなかった。しかも、密約で締結された「1・12協定」によるサークル部室の移転の履行を迫るのみであった。また、「部室のないサークル」を含めた約110ある活動中のサークルの「1サークル1部室」を保証する具体案は示さなかった。

この頃から大学当局の姿勢は硬直化して、主張も一方的になり、ひたすら「サークル協議会」に、サークルの「30番台教室」への移転を迫るものとなっていくのである。この強硬な態度への変化の裏側には何があったのか。また、「教養部恒久サークル棟」の文部省の予算はどうしていつまでたってもつかなかったのか。これらに対する疑問は、処分粉砕闘争の最終局面となる１９７６年９月のサ活専団交まで明らかになることはなかった。

１９７４年12月２日、「サークル活動専門委員会」との団交が行われた。大学当局はあくまでも「１・12協定の履行が話し合いの前提である」と述べ、第１、第２サークル棟の年度内取り壊しの最後通告を行ってきた。そこで、「サークル協議会」に結集した学生側は、次のように追及した。

「『１サークル１部室の原則』をどう思うのか。恒久サークル棟のめどがないままの30番台への移転は応じられない。『川内・青葉山総合移転計画』の中で、30番台に道路が通ることになっているのはどうしてか」

これに対して、サークル活動専門委員は何も答えなかった。そして、次のように居直った。

「1974年度中に移転せよ。そのためにサークルを説得せよ。来年の1月25日までには、最終的な見解を持ってきなさい」

1975年1月22日、「サークル活動専門委員会」は、一方的に「サークル協議会」との団交の拒否を通告してきた。このため「サークル協議会」は、その2日後の24日の教養部教授会において、話し合いが行われない現状を訴えるために、「サークル協議会運営委員」の発言を求めたが拒否された。

1月28日には、24日の教授会（これ以降は、特に断りがない限り「教養部教授会」を指す）に「乱入」したとして、1名に名指しの警告が出された。

6月23日、30番台自主使用

サークル協議会総会が、1975年2月1日、5月7日、6月9日と3回行われ、これまでの「30番台自主使用」という方針が再確認された。サークル協議会総会を受けて、「サークル協議会」と「サークル活動専門委員会」との団交は、それぞれ2月3日、6月11日と

2回行われた。ここでは、「第1、第2サークル棟の一方的な解体をしない」ことだけは確認された。しかし、「30番台教室開放」「教養部恒久サークル棟」実現については、平行線であった。そして、この状況を打破すべく、6月13日のサークル協議会総会において、「1サークル1部室の原則」に基づき、「部室のないサークル」を中心として「30番台教室」の自主使用を開始することが決議された。その後、6月19日に「部室のないサークル連絡会議」が開かれた。最後に、「サークル協議会」の求めにより全サークル員会議が行われ、この方針が再度確認された。「サークル協議会」は、「30番台自主使用」に向けて、サークル員全員の意思を確認すべく、これまで民主的で、慎重な手続きを踏んでいた。そして、6月23日にいよいよ「30番台教室自主使用」が始まったのである。

6月23日に、「サークル協議会」の「30番台教室自主使用」という事態を受けて、教養部臨時教授会が開かれた。ここで、この「30番台教室自主使用」は、「不法占拠」であると決定された。そして、学生側との一切の対話を拒否し、「拡大連絡会議」（後述、33～34頁）に教養部教授会の全権を委任することが決定された。

さらに、この4日後の6月27日の教養部教授会で、菅野喜八郎教官（日本国憲法）が「今回こそは、東北大学から学生運動を根絶するチャンスである。学則による処分を行いたい。また、時期は、夏休みとする」と言明した。菅野教官こそは、１９７２年学費闘争の頃からの「反動教官」の中心人物の一人であった。

ここでいう「反動教官」というのは、特に教養部教授会の中で、退学・無期停学処分などに積極的に関与し、学生を弾圧して大学内の秩序を維持しようとする教官である。東北大学には、１９７２年の学費闘争から、教養部の数学科を中心として強硬派が多かった。これらの反動教官は、自分で意識しているかどうかにかかわらず、政府の「中教審路線」[5]を体現していた。また、「ハト派教官」とは、教養部教授会の中で、これらの「反動教官」のヘゲモニーを苦々しく思っており、学生とは対話などを通して大学内での問題を解決していこうとする姿勢がある教官である。

ところで、ここでは教授、助教授、講師、助手などに対して、すべて「教官」という呼称を用いる。というのも、学生側は、教授、助教授、講師、助手などと区別すると呼び方が煩わしくなるので、すべて「教官」という名称を使っていたからである。また、「学生」

に対して「教官」という呼び方をするのは、お互いの立場を対比しやすいからでもあった。ところで、「教官」とは、「国公立の学校・研究所などで教育・研究に従事する公務員」（『広辞苑』）のことである。そのため、２００４年に国公立大学が独立法人化（実質的な大学の民営化）されると、「教官」ではなく「教員」と呼ばれることになる。

この頃から、教官や事務職員は、学生の処分の理由付けと監視のために、望遠レンズ付きのカメラと8ミリカメラを用いて活動家学生の撮影を始めた。これは、学生の「面割り」をするためだった。ちなみに、「面割り」とは、「面通し。容疑者などを確認するために、関係者が実際にその人の顔を見ること」（『広辞苑』）である。しかし、この場合は、大学当局が学生を処分の対象とするために、所属学部・名前などを特定することである。事務室で、8ミリカメラは、一コマ一コマ映写はストップされ、「面割り」の作業がなされた。また、一部は、警察へ資料として提出された。これは、大学当局と宮城県警との39項目の密約（後述、「その5」１４４〜１４８頁）に基づいたものであった。

「サークル協議会」をはじめとする学生たちは、「サークル活動専門委員会」との団交の開催を求めて、何人かの教官の授業に出向いて、団交を拒否しようとする理由の説明を求めた。これに対して、教官側は、「授業妨害」のレッテルを一方的に貼って、学生側に対する処分理由にしようとした。また、「拡大連絡会議」の強権的な方針によって、すべての教官には、学生による「授業妨害」の報告をすることが強制された。

7月24日、大学当局によって「30番台教室」の再ロックアウトが行われた。早朝6時過ぎに、川内の全職員、及び私服警官などが「30番台教室」に集まり、部屋に置いてあった私物などを押収し、ロックアウトを行った。大学当局は機動隊輸送車8台、放水車、さらには不当逮捕者用の護送車などを青葉山と宮城県警に待機させていた。学生は、デモをしたりして抗議したが、一部の教官や事務職員は、学生に対して、殴ったり、蹴ったりするなどの暴行を加え、聞くに堪えない罵声を浴びせたりして、ロックアウトを強行した。

この6月23日から7月24日までの教養部教授会などの大学当局の対応の中で、特に注目されるのは、次の2点である。

第一に、教養部教授会の「拡大連絡会議」への全権委任である。これにより教授会が全面的に弱体化、あるいは形骸化したのである。

「拡大連絡会議」は、教養部長やその取り巻きの反動教官を中心とした小回りの利く決定機関であり、かなり独断的に決定を下すことができた。１９７２年学費闘争当時には、「対策会議」が学生弾圧のためにこのような任務を担っていた。そして、１９７５年においては、この「対策会議」をさらに強化して、一気に学生運動を弾圧しようと「拡大連絡会議」を準備したのであった。これにより、教養部教授会では、１９７２年の学費闘争以来の、反動教官を中心とする強権的な体制が実質的に確立した。

実は、「拡大連絡会議」は大学紛争の激しかった１９７０年に、すでに学生運動対策のため設置されており、私たちの処分粉砕運動が収拾する１９７６年まで存在した（『東北大学百年史』２００７年創立百周年記念刊行）。しかし、この「拡大連絡会議」は、１９７５年６月末の「サークル協議会」の「30番台教室自主使用」を契機として、当初の設置された目的である連絡会議という趣旨を逸脱して、かなり恣意的に運営されるようになった。つまり、政府・文部省の意図したように、学生運動を弾圧するための、きわめて機動的な大学運営組織となった。反動教官により決定的な組織の変質が行われたのである。高橋富雄教養部長を中心とする反動教官の牙城となり、強権的な学生弾圧の中心を担った。そして、他の教官は、自分の研究以外はなるべく煩わしいことに関与したくない、という姿勢をとることにより、教授会はますます無力化していった。

第二に、「拡大連絡会議」の中心的人物の一人である菅野喜八郎教官の「今回こそは、東北大学から学生運動を根絶するチャンスである」という発言についてである。実際、東北大学では、過去において3年ごとに大きな学生運動の高揚があった。それゆえ、これは一見すると、学生運動に敵対してきた教官の感情的な発言のようにも聞こえる。ましてや、1972年頃から一貫して、しかも中心的に学生運動の弾圧に取り組んできた反動教官の言葉としてはうなずけるものであった。しかし、実は、もう一つの側面があった。1974年3月には、「一革委」の答申を受けてすでに教養部廃止の方針が出されていた。大学当局が教養部廃止をスムーズに行うためには、学生などの反対勢力を徹底的に排除しておく必要性があった。特に、教養部廃止の障害となりそうな学生運動を弾圧しておくことは、「一革」を推進するためには、必要不可欠であった。

7・30逃亡教養部教授会から8・20政治処分まで

１９７５年7月30日に、処分決定のためのいわゆる逃亡教養部教授会が、大学から車で30〜40分ぐらい離れたホテルにおいて、午前6時に結集して開かれた。このように早朝6時という異常に早い時間帯から教授会が開かれることはめったになかった。そして、このような処分決定のための教授会には、典型的に次の二つの特徴があった。

まず、学生が大学構内からいなくなった夏休みなどの長期休業のときに行われる。これは、学生が処分に対してすぐに結集して、抗議行動などをとることができないからである。

次に、なるべく大学の構外で、秘密裏に教授会を開催する。学生がこのことを感づいて、教授会に抗議などで乱入しないようにするためである。こういう場合は、とりあえず教授会の構成員に大学構内での集合場所だけを伝え、その後、大学から離れた場所にバスなどで移動したりする。ちなみに、１９７２年の学費闘争における約１５００名に及ぶ大量留年のときの教養部教授会も、学生に秘密裏に行われた。このときは、教官側は、教養部からチャーターしておいたバスに乗り、農学部に移動して、処分のための教授会が開かれた。しかも、約１５００名もの大量留年の審議をするのに、要した審議時間はわずか15分であった。

ここで、高橋富雄教養部長は、処分に関して教授会を満場一致で乗り切ろうと画策する。しかし、反対派から採決することを要求された。これにより、やむを得ず採決を行うが、「賛成78票――反対25票（白票を含む）」であった。確かに相対的には賛成票が上回った。しかし、教養部の教官数は、１４９人なので、賛成票は教授会構成員の50％強であった。しかも、高橋体制で、閉塞感と無気力を強いられていた、約50名の教官が教授会に参加していなかった。これは、とても注目に値することであった。

この教養部教授会の決定を受けて、8月4日に、処分決定通知が被処分者の家庭に郵送された。その中で、「異議申立書」を「念のために、文書によって郵送で提出せよ」という指示が被処分者になされた。

8月11日、被処分者一同が全学教職員向けに、処分の不当性を批判する声明を発表した。

8月13日、被処分者一同が高橋教養部長への直接会見申し入れ書を学生生活掛へ提出した。この中で被処分者からは、次の2点の不当性が指摘された。

①　処分がすでに決定されてからの異議申し立ての通知であること
②　異議申し立てが文書形態であること

この2点は、その後の処分粉砕闘争でもこの処分の手続き上の不当性として問題になっていく。というのも、処分に当たっては、

①当事者の異議申し立てを認めること
②文書ではなく、対面での異議申し立てを行う

この2点は、重要な最低限の手続きだったからである。これがないと、被処分者の異議申立書（後述、39〜46頁）でも指摘されるように、学生の将来の影響への重大性にもかかわらず、事実誤認のままに処分することになる。ましてや、大学当局の主張するように「教育的処分」であるならば、被処分者の学生の申し開きを聞いて、納得させて処分することが必要である。ところが、高橋教養部長は、被処分者との直接会見を拒否した。学生生活

掛が被処分者に口頭で「(高橋教養部長は)会えない。8・4文書の指示した方法に従いなさい。提出しなければ、異議申し立ての意志はないと判断する」と通告してきた。
そこで、被処分者は、やむを得ず

①会見要望書
②被処分者一同意見表明
③異議申立書

を大学当局に送付した。しかし、これも後で暴露されることになるのだが、この被処分者が提出した「異議申立書」は、教養部教授会の場で吟味されることはなかった。というのも、この処分を画策した「拡大連絡会議」の段階で、どこにも提出されずに握りつぶされてしまったからである。次に学生処分のための学内的手続きとしては、教養部からの提案により、全学評議会で処分が最終的に決定されることになる。

8月20日、全学評議会が、この処分問題で朝10時より始まり、13時間も審議が続いた。何人かの学部の評議員よりの反論もあったが、最終的には、教養部の処分案が承認された。サークル部室問題に関して、次のように処分が決定された。

退学　２名
無期停学　６名
警告　11名

そして、このとき高橋教養部長は、次のように決意表明を行った。曰く、「今後も処分するときはする」。

８・20政治処分の問題点

ここで、８・20政治処分の手続き上の不当性や明らかな問題点を被処分者の「異議申立書」を吟味しながら整理しておくことにする。これらの問題点により、８・20政治処分の正当性が問い直され、大学当局は、およそ１年後には、さまざまな経緯がありつつも、処分の全面白紙撤回へと追い込まれるのである。

(1) 8・4通知の段階においてすでに処分内容（退学、無期停学など）が決定されている。本来、教授会から評議会を経て処分が決定されるものである。これを裁判に喩えるなら、まず判決を下してから、あたかも審理を尽くしたように繕っている。

(2) 事情聴取は、全く形式的なものであった。「念のために、文書で釈明もしくは異議申し立てをせよ」ということで、処分理由となった事実関係について、当事者の釈明や申し開きを認めない一方通行的なものであった。しかも、「異議申立書」は、学生側に対してアリバイ的に行われたもので、教養部教授会には一切提出されなかった。

(3) 処分理由の中に東北大学学部通則29条の「学生の本分に違反した」というのがあるが、「学生の本分」というのは、広義に恣意的に解釈される余地がある。つまり、大学当局に都合よく解釈される危険性がある（実際、高橋富雄教養部長は、後に学生の追及に対して「学生の本分とは、教養部教授会で決めることである」と答えている）。これについては、次の二つの問題点が指摘される。

①「学生の本分に反した」という学則違反については、今回の懲戒処分が初めてであり、１９６９年の学生との団交の場でその凍結を確認してから、たびたび「死文化」されたものとして確認されてきた。

②罪刑法定主義（「どのような行為が処罰されるか及びその場合どのような刑罰が加えられるかは行為前の法律《成文法》によってだけ定められるとする立法上の立場。近代刑罰論における基本原則である。憲法三一条は、手続面の適性の保障とともに、その前提として実体法上の罪刑法定主義を保障したものとして解されている」『法律用語辞典』法令用語研究会編　有斐閣　第5版２０２０）が主流であり、あらかじめ文書化されていない、曖昧な規則で処分するのは法の精神に反する。

(4) 前サークル協議会運営委員4名、現「サークル協議会運営委員」１名が含まれているのは、「サークル協議会」そのものの非合法化を目的としている。

(5) 処分理由の誤認がいくつもある。例えば、参加していない闘争を「参加した」と強弁し、事実関係をねつ造している。

（6）1972年学費闘争で無期停学処分だった学生を、今回、再び処分（重処分）して、退学処分にしている。また、この「無期停学処分」については、被処分者の学生が自主的に退学するのを待つかのごとく、そのまま3年間も放置され、復学に向けた定期的な事情聴取をするなどの、教育上の当然の手続きも取られていなかった。しかも、東北大学には、東京大学や早稲田大学などとは違って、退学者についての復学規定がない。

（7）処分理由の一つである「授業妨害」については、双方の主張が全く違っている。

授業妨害と教官の「監禁」について

「授業妨害」については、学生側と教官側の見解は全く異なっていた。例えば、教官側からは「授業妨害」であり、学生の側からは「授業介入」というとらえ方になる。しかも、一般的に言えば、教官と生徒側との合意があれば、講義を討論会に変えることは可能である。このような例は、過去においても何度も見られた。

学生側の主張では、大学当局が学生の話し合いに一切応じないために、やむを得ず講義の場に出向き、教官に討論の場を求めていったのである。とはいえ、学生側が一方的に、講義を中断させて教室を占拠したりすることはなかった。では、具体的に、被処分者が「異議申立書」で挙げている例を見てみる。

(1)　I君の場合・7月1日1講時

高橋教養部長は、1講時が開始されてもいっこうに教室に現れず、しばらくして管理棟職員が休講を知らせに来た。つまり、高橋教養部長自身がそのとき大学にいたのかどうかも疑問であり、そもそも教室に姿を現さず勝手に授業を放棄したのである。また、当然のことながら私には「授業を不可能にする」意思はなく、教養部長が教室に入るのを妨害した事実もない。それにもかかわらず「授業を行うのを不可能にした」という規定は事実の歪曲であり不当である。

(2)　H君の場合・7月2日2講時

高橋教養部長と話し合いを行おうとした。しかし、高橋教官は、我々を無視し、我々が追及すると、彼は夏休み中の宿題の内容と休講にするとの発言を終えて、その後イスに座り沈黙していた。また、その場には、話し合いを聞こうと大半の学生が残っていた。「不法に監禁した」との文面は事実の誇張に他ならない。

(3)　Y君の場合・7月3日2講時

私は、窓から2列目、前から4列目あたりにすわっていたが、討論の司会者に発言を求められて1回発言しただけである。この授業は教官が司会者の側にいて討論に加わっており、「討論をこれで終わって授業にする」と教官が言った時、すでに残りの時間は15分であった。これは、教官の時計が止まっていて「あと1時間あるものと思っていた」という教官の勘違いであった。

(1)については、高橋教養部長が教室に姿を現したという事実さえないのに、「教室に入り授業を行うのを不可能にした」と一方的に決めつけられ、「授業妨害」として処分理由となっていた。(2)については、教官を物理的な強制力により「監禁」したわけではなかった。(3)については、教官が講義の時間に討論することを許可している。これらの例を見ると、いわゆる「授業妨害」による処分理由になるとは思えない。学生を処分するために強引に理由付けをしたとしか思えないのである。特に、(2)の「監禁」という理由については、大学当局が学生を処分したり、弾圧したりするための常套手段となっていた。例えば、１９７２年の学費闘争において、当時から反動教官だった菅野喜八郎教官の前例がある。しかも、彼はこれを理由として学生を裁判所に告訴したのである。これについては、１９７２年学費闘争の裁判記録である『影一族　怨の巻』[6]から引用してみる。

「１９７２年4月13日に、２時から課外活動室において、法学部を中心とする学生は、菅野喜八郎教官と『機動隊導入によって重傷を負った女子学生の抗議文』の件や『後期試験の対応』などについて話し合いを持った。菅野教官は、『45分で不法監禁が成立する』とあらかじめ用務員に伝えておき、急に『便所に行きたい』などと言い出し、『ちょっと待て』と学生が言っている間に、部屋の中に小便をした。その後、この場から帰るそぶりを見せつつも、実際は帰るつもりは全くなく『監禁罪』を成立させようと執念を燃やし、実際に、告訴に踏み切ったのであった。」

処分反対運動の始まりから9・1バリケード封鎖

処分に反対する「サークル協議会」を中心とする数十人の学生は、夏休み中の8月31日に、文学部棟の屋上に集合して「フラクション」（通称「フラック」）を行った。当時、私たちは、処分に反対する学生が集まり、これからの運動方針や戦術を討議する会議のことを「フラック」と呼んでいた。文学部棟は、文系4学部（文学・教育・経済・法学部）の敷地にあり、図書館の背後に位置する建物で、教養部から道路を一つ隔てていた。

夏休み明けの大学が始まる9月1日からの行動方針を決定するためであった。ここに結集したのは、「30番台教室」を自主使用することに賛成した「サークル協議会」に結集するサークル部員、そして、青ヘル[7]（反帝学評）、及び被処分者である。今回の被処分者の中には、青ヘルのメンバーも2人入っていた。

ここで、青ヘルを中心とする学内的な状況を簡単に述べておくことにする。川内キャンパスでは、青ヘルが政治的ヘゲモニーを握っていたので、他のセクトは、公然と活動することはほとんどできなくなっていた。このセクト以外にも、第四インター[8]とか中核派[9]のビラをときどき見かけることもあった。しかし、それは1年間の中でも数えるほどだった。また、学内で『東北大学新聞』を発行している東北大学新聞社は、第四インター系だと言われていた。

一方で、民青系の教養部自治会があり、すっかり定番となった「暴力一掃」のキャンペーンを張っていた。新入生が大学に入学してまだ右も左もわからないうちに『祖国と学問のために』（通称「祖学」全日本学生自治会総連合中央執行委員会編・刊）を売りつけ、物取り主義で大学側にコピー機の設置などを実現させては、一般学生からのポイントを稼ごうとしていた。しかし、実際は、大学紛争などの危機的状況ではいつでも大学側に立って秩序維持を担い、学生弾圧に手を貸していたのであった。

明日からの夏休み明け授業を前に、これからの闘争方針を検討するフラクションが始まった。青ヘルを被った連中が最初に口火を切った。

「われわれは、今回の大学当局の処分について、怒りの表現をする必要がある」

みんなは、一瞬、シーンとなって聞いていた。

「そして、その闘争形態のもっとも突出した表現としてA棟バリケード封鎖がある」

すると、だれかが意見を出した。

「でも、それ以外にも怒りの表現の仕方もある。学生大衆に訴えるのが先じゃないですか」

「いや、そういった議論はすでに止揚《しよう》されている。学生大衆に関して言うならば、処分が行われたことに反対するということと、彼らが決起して反対運動に立ち上がることは全く別だと思う」

「確かにそれは全く違うと思う。それは、われわれ自身にも言えることだと思う。しかし、ビラや情宣《じょうせん》して訴えるという手段もとらないで、一方的にバリケード封鎖するというのは、大学当局に対する抗議行動に一つの限界性を作ることにならないか」

「それでは、きみたちは、この政治処分に対してどのように戦うのか」

このような議論が行われているうちに、バリケード封鎖反対派の旗色がだんだん悪くなって来た。そして、発言も次第に少なくなってきた。そして、その頃合いを見計らって先ほどの青ヘルの男は、次のように宣言した。

「では、明日9月1日に、闘争の最高の表現形態としてのバリケード封鎖をする」

バリケード封鎖、そして無期限ハンガーストライキ

9月1日に大学に行くと、すでにA棟バリケード封鎖が行われていた。青ヘルを被ってハンドマイクでアジ演説をする声が、A、B講義棟で響き渡っていた。この騒々しさの中

を、多くの学生は、表面上は、まるで何事もなかったかのようにやり過ごして、講義棟や厚生会館の方に歩いていった。しかし、7月初旬からの長い夏休みがやっと終わって、大学がようやく始まり、久しぶりに友人に会えたりするので、学生も颯爽と歩いており、どこか活気にあふれていた。私たち全C連（51頁、90頁参照）の仲間は、「処分白紙撤回」と「臨時学生大会開催」を求める署名活動を始めていた。私も、A、B講義棟の前にあるスペースで、歩いていく学生にできるだけ声をかけて、この署名の趣旨を説明して、署名を求めた。間もなく、同じクラスの友人に出会ったので、同じように署名を求めた。


「おーい。これ署名してよ」

「なんだ。あの処分のやつか。しかし、お前ら勝てんのかよ」

「まず署名を集めて、学生大会を招集するんだ。すべてはこれからだよ」

「でも、お前らもちょっと強引だったんじゃないのか。鍵を取って『30番台教室』を開けたんだろう」

「でもなあ。大学当局は、使える『30番台教室』をサークルに使用させないし、しかも、将来的には、あそこを道路にしてしまうと言っているんだ」

「でも、『恒久サークル棟』を建てるんだろう」

「そのような話もあるが、全く具体的なものじゃないんだ。すぐ前の『サ活専団交』では、そういう話はないというんだ」

「お前らもバリケード封鎖しているのか。大学へ来てみてびっくりしたよ。A棟は封鎖されているし、スピーカーはがんがん鳴っているしよ」

「いや。僕たちは、あのバリ封とは一線を画している。ところで、大学当局が処分の前に学生に何も事情聴取もせずに、いきなり処分してきたことをどう思う」


友人からは、充分に納得して署名してもらうまでに、いろいろな質問を受けた。しかし、このやり取りからもわかるように、教養部内で、処分問題に対する学生の関心が急速に高まっているのを実感することができた。

私たちは、「全教養部連絡会議」（通称「全C連」）を結成して、この日から処分白紙撤回を求める臨時学生大会の開催を要求する署名活動を始めていた。学生たちの反応はとてもよくて、この日から4日間で「教養部自治会規約　第12条　3」にある「全会員の五分の一以上」（全会員は約４８００名なので９６０名以上）をはるかに超える約１３００名の臨時学生大会を求める署名が集まった。

９月５日からは、８・20政治処分に反対するクラス決議を2、３日で集めた。クラス仲間の多くが賛成してくれた。しかし、住所録はあったものの、クラスコンパに一度も参加していなかった仲間は初対面と同じだったので、下宿やアパートを訪ねて署名をもらうのに苦労した。

ところで、８月31日のフラクションでも反対意見が出たように、私たち「濫觴同人」には、果たしてバリケード封鎖という突出した闘争形態とビラの情宣（「［情報宣伝の略］情報を多くの人に知らせる行動」広辞苑）や、教養部全体から見れば決して多数とはいえないクラス決議だけでよいのか、という疑問も残っていた。そんなとき、金森君から、私たちでハンガーストライキをしようという提案がなされた。金森君もバリケード封鎖の方針が出されたとき、「頭ではわかっていても、体がついていかないという感じやろ」と割り切れない思いを訴えていた。これで私たち４人の決意は一つになった。

なぜ私たちがハンガーストライキをしようとするのか。まず、大学当局が「サークル協議会」に結集した学生を「過激派」とレッテルを貼り、一般学生との分離を図ろうとしていた。また、民青は、「暴力一掃キャンペーン」を展開して、この間のサークル部室問題の本質をわからなくさせようとしていた。そういう状況で、なぜ「30番台教室自主使用」が行われたのかを一般学生に訴える必要があった。そして、大学当局による「過激派」という一方的なレッテル貼りや民青の反暴力キャンペーンに対抗して、一般学生にも「部室のないサークル問題」という本質的な理解をしてもらう必要があった。そのためには、自らの身体をかけた非暴力的な抗議の仕方が、問題の本質を明らかにしてくれるはずであった。その意味でハンガーストライキが、「部室のないサークル」の問題を余計な先入観なしに広く理解してもらうための、とても大切なアピールになるはずであった。

その前に、私たちにはやるべき重要なことが残っていた。私たちは、まず、被処分者に、ハンガーストライキをすることを了解してもらう必要があったのである。もし、被処分者に理解してもらえなければ、単なる自己満足的で、一方的な押しつけとなってしまう。私たち「濫觴同人」は、４人で被処分者に会いに行った。

「実は、僕たちは、今回の処分に抗議するためにハンガーストライキをやろうと思っています。それで、被処分者の人たちと話をしたいと思います」

「何だって？　どういう理由でやるんだ？」

「さっきのフラックでもあらゆる闘争形態でもって戦う、という話が出ていました。僕たちみたいな戦いの表現があってもいいと思う」

「もう一つわからない。ハンストもいいけど、俺は、もっと違った形での表現形態をとってほしいな。例えば、授業に入っていくとか、集会をやるとかあると思う」

「僕たちもそれも考えたんです。でも、僕たちは、常に学生大衆でありたいと思うし、それ以上でもない」

「確かに俺もそうだ」

「それで考えたんだけど、僕たちが学生大衆であるためには、全き自己を賭けてやるしかないと思うんです。僕たちは、前衛ではないし、前衛にはなりえない」

　少し間をおいて、彼は言った。

「それなら、まあやってみたらいい」

私たちの無期限ハンガーストライキは、9・10学生大会が始まる2日前から始まった。

ハンガーストライキをするにあたって、医師には、毎日定時に検診してくれるように手配した。実は、この医師団は、金森君の知り合いであった。というのも、大学病院などの知らない医師に頼むと、思わぬ危険性があったからである。ある大学では、全共闘系の学生が負傷して民青系の医師にかかったとき、適切な治療をしてもらえず、失明寸前になったという報告があった。時には、単なる医療行為でさえも、セクト的な対応がなされる可能性があった。私たちは、できるだけこのような事態を避けたかったのである。こうして私たちは、無期限ハンガーストライキに突入した。もし、生命の危険があるときには、ドクターストップがかかることになる。また、ハンガーストライキといっても何も口にしないわけではない。水分を補給することは許されているので、水に砂糖や塩をまぜて飲むことになる。このために、佐々木君の後輩である文学部の渡辺育子さんに手助けしてもらった。さらに、夜間に何があるかわからないので、全C連が数人の防衛隊を組織してくれた。

ところで、民青は、私たちがハンガーストライキをしているときに、「これにより暴力を隠蔽しようとしている」というビラを配布してきた。これに対して、全C連の仲間から次のような民青の姿勢を批判するビラが出された。

「現在ハンスト決行中の諸君は、サークル闘争や処分粉砕闘争を通して『大学とは何か』、さらには、『人間の生き方』へと自問していることだろう。私たちは、このような彼らを断固支持するものである。彼らの目に乾杯！」

私たちは、学生大会が終わってからもハンストを続けるつもりであった。ところが、この学生大会が終了して多くの学生が帰るころに、右翼によると思われるテロ事件が起こった。私たちもよく知っている文学部の学生2名が、大学のすぐ近くにあるバス停でバスが来るのを待っていた。そのとき、このバス停の前で急に車が止まり、「お前ら学生大会をやっていたんだってな」と言って、男が出てきた。このとき男はヌンチャクを手にしており、いきなり襲撃してきた。2人の学生は、現場から逃げる暇もなく、顔にかなりの裂傷を負ったのである。これにより、ハンストの防衛隊から、これ以上右翼などから守るのは難しいのでハンストをやめて撤退してもらいたい、と要請された。私たちは、学生大会で不十分ながらも、一定の勝利をすることができた（学生大会の内容については「その4」で後述する）。そこで、これ以上迷惑はかけられないということで、やむを得ず撤退する判断をした。私たち「濫觴同人」の4人は、結局、60時間に及んだハンストをどうにか貫徹したのだった。

注釈1〜9

1　「社会党」の正式名称は、「日本社会党」。1945年に設立された。かつては1955年に設立された保守系の自民党と並ぶ2大政党であった。「再軍備反対」「護憲」などが主なスローガンであり、「非武装中立」を唱えた時期もあった。左右の分裂を繰り返してきたが、広く市民運動や左翼的な無党派層の支持を得てきた。1960〜1970年代は、共産党を含む全野党共闘路線をとった。1994年には、自社連立の村山内閣ができた。その後、1996年には、「社会民主党」に改称した。2017年には、一部が「立憲民主党」に合流した。

2　「30番台教室」は、実際は使用されないままに大学当局の管理下に置かれていた。川内キャンパスのテニスコートの上の道路に近いところにあった（2頁の地図参照）。当時の教養部のサークル部室は、「第1、2サークル棟」「かまぼこ棟」などがあった。「第1サークル棟」は、すでに壊れかけた2階建ての木造建築で、演劇部なども入っていた。また、「かまぼこ棟」は、プレハブの1階建てで、「囲碁・将棋部」「星座」「宮城野セツルメント」などが入っていた。

3　「川内・青葉山移転計画」東北大学は、それまで富沢地区、片平、雨宮などに学部が分散しており、いわゆるタコ足大学（322〜323頁の表参照）であった。そこで、

1965年に、医学部、歯学部、農学部を除いて、川内・青葉山地区に総合移転が図られた。1973年の文系4学部（文・教・経・法）の川内移転をもって、この移転はほぼ完了した。理工学系の増員補充、片平地区の大学院大学化構想などのためであった。しかし、東北大学全学生の70％が川内地区に集中したにもかかわらず、各キャンパスにあったサークル活動の施設は一切移転されなかった。

4　「民青」は、日本共産党の青年組織である。「日本共産青年同盟」が1923年に結成され、1956年に「日本民主青年同盟」と名称が変更された。「民青」「民青同盟」は、通称である。

5　「中央教育審議会」（通称「中教審」）1952年（昭和27年）に、文部省に意見を答申するために設置された。本稿との関連性では、1966年（昭和41年）の「期待される人間像」、1971年（昭和46年）の「四六《よんろく》答申」、1987年（昭和62年）の「大学審議会」の設置などが重要である。1971年（昭和46年）の「四六答申」において、筑波大学（前身となったのは、東京教育大学）に具体化された「新構想大学」の方針が打ち出された。教養部を廃止して、「学群」（学生が所属）と「学系」（教官が所属）により研究と教育の分離が行われた。東北大学の「第一次・二次改革委答申」は、中教審答申の具体化であった。

6　「『影一族　怨の巻』72年東北大学学費闘争裁判〈被告〉団　冒頭陳述書」1972年東北大学〈被告〉団〈被告〉団を支える会、1975

7　「青ヘル」は、東北大学の活動家学生の間では「反帝学評」「解放派」「青解（あおかい）」などとも呼ばれていた。「反帝学評」は、「社青同解放派」の学生組織であり、「反帝学生評議会」の通称である。１９６５年に日本社会党の青年組織からの分派として「社青同解放派」が結成された。１９６９年には、政治組織の「革命的労働者協会」（通称「革労協」）を結成する。１９７１年には、「社青同解放派」は、日本社会党からその過激な活動などが問題視され、除名された。新左翼の三派全学連（「中核」「革マル」「社青同解放派」）の一つであった。

8 「第四インター」は、１９６５年に結成された「日本革命的共産主義者同盟（第四インターナショナル日本支部）」の通称である。「東北大学新聞社」（学生新聞）は、この系列と目されていた。

9 「中核派」は、１９５７年に結成された「革命的共産主義者同盟全国委員会」が１９６３年に第３次分裂して結成された。なお、１９５９年の第一次分裂では、「革マル派」が結成された。その後、「中核派」と「革マル派」は、何度も内ゲバで衝突して、お互いに多くの犠牲者を出すことになった。

その2　東北大学における大学紛争の歴史

「歴史は繰り返される」とよく言われる。これまでの東北大学の学生運動の歴史を振り返ってみることは、8・20政治処分粉砕運動について理解するのにとても役に立つ。特に、1972年の学費闘争と比較してみると、今回の学生運動の構造がいくつかはっきりしてくるのである。これまでの東北大学の主な学生運動は、次の四つである。

一・1950年5月　イールズ闘争

当時の占領軍総司令部（GHQ）教育顧問のW・C・イールズ[1]は、大学教育における反共宣伝とレッド・パージを促進するため、新潟大学を皮切りに、すでに日本中の20余りの大学で、「共産主義者は大学から追放すべきだ」とする講演をして回っていた。5月2日に東北大学でも、イールズ博士の公演が予定されていたが、約８００人の学生が講演会場でシュプレヒコールなどを上げて抗議し、イールズは一言も話せないまま会場を去った。これに対して、大学当局は、学生４名を「占領軍関係者の職務を妨げた」として「公務執行妨害」で逮捕させた。

二、１９６５年　宮城教育大学分離反対闘争

「川内・青葉山総合移転計画」の始まりとして、東北大学教育学部を分離して宮城学芸大学（現宮城教育大学）に移転した。これは、文部省が１９６２年省令で、「教員養成大学・学部」と「その他の大学・学部」の教育課程を全く別のものとして示し、教員養成課程は事実上分離されたことによるものであった。これにより義務教育の教員養成は、宮城教育大学が担い、教育学などの教育に関する研究は、東北大学教育学部となった。これに反対する「九月闘争」は、大規模な戦いになり、全学ストライキが行われた。大量の学生の逮捕令状が出され、機動隊が導入された。この混乱の責任を取って、石津照璽（宗教哲学）学長は退陣した。

三、１９６９年　大学立法粉砕闘争

東京大学・日本大学などの全共闘運動は、ベトナム反戦運動と結びついて、全国的に学園紛争が高揚した。1月18日〜19日に、東大安田講堂攻防戦が行われた。これを契機として、五月には、東北大学各学部でも学生大会が開催され、「大学立法」[2]（正式名「大学の運営に関する臨時措置法」。通称「大管法」などとも言われる）に対してストライキで戦うことが決定された。また、教養部でも学生大会が開催され、まず1週間のストライキが行われた。さらに、翌週の学生大会によりストライキが1週間延長された。大学当局は、全教養部共闘学生の教養部事務局封鎖に対して、日本共産党――民青系の学生、教職員、地区民青の大動員を利用して収拾しようとした。このとき、民青は、ヘルメット、ゲバ棒、ピッチングマシンによるこぶし大の投石などで襲撃を試みたのであった。なお、「大学立法」は、8月上旬には、自民党の参議院での強行採決で成立した。

9月17日に、教養部臨時学生大会が開催され、２０００名を超える学生が結集して無期限ストライキに突入した。なお、これに先立つ9月5日には、東大や日大を中心として「全国全共闘連合」[3]（議長・山本義隆、副議長・秋田明大）が日比谷公園野外音楽堂で結成された。

大学当局は、「大学立法」の成立を受けて、11月初旬に学生運動を弾圧するために宮城県警と39項目密約（後述、「その５」１４４～１４８頁）を結び、無期限ストライキ解除のための周到な準備を進めた。そして、この39項目密約は、その後の大学当局の、硬直的で強権的な学生管理の手段として何度も使用されることになる。

11月23日には、ついに大学当局は、早朝から機動隊を導入し、学生を暴力的に排除し、多数の学生を逮捕した。

四．１９７２年学費闘争

１９７１年６月に、「中央教育審議会」（略称「中教審」）は、最終答申を行った。これは、いわゆる「四六答申」と呼ばれ、その後の大学改革などに大きく影響を与えることになる。これを受けて、政府は、「受益者負担」や私立大学との学費格差の解消を口実として学費３倍値上げを宣言した（それまで１２、０００円で推移してきた国立大学の学費が、３６、０００

円になった。もっとも、2021年の約540、000円と比べれば隔世の感がある）。また、「高等教育の改革」により、筑波大学で具体化される学長・副学長を中心とする中枢的な管理強化が行われ、「さまざまな紛争の根源地」とされていた学生寮解体も行われようとしていた。

1972年2月5日の学費値上げ阻止を求める学生大会により、教養部の無期限ストライキに突入した。教養部教授会は、学生の要求を無視し、3月19日に機動隊を導入してバリケードを解除し、3月21日から30日まで後期試験を強行した。学生は、機動隊常駐下にあって、約6割が試験をボイコットした。これを受けて、大学側は、4月20日に教養部教授会を開き、たった15分の審議で1506名（教養部の学生定員の約三分の一）もの大量留年を決定した。

これに対抗して、5月9日には、学生有志大会決議により教養部長団交へ向けたストライキを行った。しかし、闘争の長期化、大学当局の反撃、学生側の方針の立ち遅れなどにより、学生たちには、厭戦的な気分が蔓延し、消耗していった。このような運動では、闘争が始まってから3か月以上も経つと、特に一般学生の高揚感を維持していくのは難しくなる。また、民青は、この間を縫って「正常化路線」に走り、大学側にすり寄っていった。
8月17日の教授会は、この戦いを担ってきた学生の3名の退学、2名の無期停学処分を行った。これは、学生のいない夏休みを狙った政治的処分であり、その後、9月初旬の前期試験という、学生が反対運動をしにくい日程を狙ったものであった。

これに対して学生側も反撃を試みた。しかし、9月〜10月にかけて、処分粉砕――学費闘争のための学生大会は、4回とも流れた。これにより闘争は決定的に後退した。せっかくのこれまでの学生の問題意識の高揚を、教養部長団交やストライキなどに結集させることはできなかった。また、民青は、処分闘争に決定的に敵対し、60名の学生を告訴した。そして、1972年の学費値上げ反対闘争は、学生側の手痛い敗北に終わったのであった。その後は、1975年9月10日の3年ぶりの学生大会の成立から本格的に始まる処分粉砕闘争まで、東北大学の学生運動はしばらく沈滞することになった。

逆に、大学当局は、「学生運動の弾圧は、強権的にやった方がうまくいく」という自信を深めて反動教官のへゲモニーが強化されていった。

この過去の闘争の中で特に注目すべきは、先に述べたように1972年の学費値上げ反対闘争である。1975年のサークル部室問題に端を発した8・20政治処分との共通性がいくつか見られる。また、すでにこのとき、高橋富雄（日本史）、菅野喜八郎（日本国憲法）、御園生善尚（数学）は、反動的な教官として、当時の西村貞二（西洋史）教養部長の下で、中心的に活躍し始めている。このときの弾圧的な手段による闘争収拾の成功が教訓となって、大学当局は、1975年の8・20政治処分でも同じような対応を繰り返すのである。

まず、処分の時期は、学生のいなくなる夏休みが常套手段となる。これにより、学生の反発を弱め、処分反対運動の取り組みを困難にする。さらには、9月初旬からの前期考査により、単位認定権をちらつかせて、学生を有無を言わせず試験秩序に従わせ、学生運動の鎮静化を図ろうとする。

次に、このときの大学当局の対応の仕方には、きわめて注目される動きがあった。それは、1972年2月の段階で設置された「対策会議」である。これは、すでに1971年の「四六答申」の中で次のように明らかにされているものの具体化であった。

「学長、学部長などの執行機関は、合議制の審議機関の承認した基本方針の範囲内で、個別的な事案の処遇については大幅な自由裁量と専決が認められるべきである……。またそれらの機関に必要な補佐機関や事務組織も整備されるべきである」

この方針に沿った「対策会議」（１９７２年）や「拡大連絡会議」（１９７５年、「その１」32～34頁参照）の設置により、教授会の権限が弱体化し、教養部長とその数人の側近の反動教官と事務長によりきわめて自由に、そして独断的に権限を行使できるようになった。教養部長――事務長という中央集権的な大学管理が行われるようになる。つまり、「大幅な自由裁量と専決」という中教審答申の具体化として、数名の反動教官が教養部長の周辺に集まり、事務長の全面的な協力により学生を強権的に弾圧する体制が完成するのである。

注釈１～３

１　W・C・イールズは、元スタンフォード大学教授で、１９４７年にGHQ（連合国総司令部）のもとでCIE（民間情報教育局）の教育政策を行うために来日した。そして、戦前の日本における天皇制を中心とした教育の民主化を行った。戦前の師範学校を中心とした教員養成を改革し、国立大学の教育学部に教員養成課程を設けさせるなど、日本に民主的な教育を定着させた。しかし、戦後の労働運動の激化やソビエトとの冷戦の始まりとともに、反共路線へと教育政策を転換した。１９４９年7月の新潟大学開校式で「共産主義教授、学生ストライキ、及び学生の追放」（「イールズ声明」）を唱え、20以上の全国の大学で反共キャンペーンを行った。これにより全国の大学から共産主義の教授を追放（レッド・パージ）しようとした。

2 「大学立法」（「大学の運営に関する臨時措置法」あるいは、「大管法」と呼ばれる。1969年）これにより大学自治が見直されて、警察の大学構内への立ち入りが可能になった。各大学は、大学紛争が起こったときは、学長が文部大臣に報告義務を持つことになった。また、文部大臣に大きな権限が与えられ、紛争学部の教育機能を停止し、それでも収束が困難なときは、学部・学科などを休校・廃止することができた。法案成立後すぐに、30以上の国公立大学で「立法の適用は避ける」という口実で、機動隊を導入して「自主解決」が行われた。これは、5年間の時限立法であったが、実際に廃止されたのは、2001年であった（「大学立法」の具体的な条文については152〜154頁の注3参照）。

3 「全国全共闘連合」1969年9月5日、日比谷公園野外音楽堂で、全国の78大学、26000人（主催者発表）が集まって結成された。東大全共闘の山本義隆が議長、日大全共闘の秋田明大が副議長に選出された。このとき東大全共闘の山本義隆は、安田講堂事件により、警察により指名手配中で地下潜伏中であったが、この結成大会の会場に入ろうとして有楽町側の公園入口で逮捕された。また、秋田明大は獄中から「全国の学友諸君！　十一月決戦といわず不断の決戦を！　今日の闘いなくして明日の戦いはあり得ない」とアピールを寄せている（『山本義隆潜行記』東大全学助手共闘会議・最首悟編、講談社、1969）。

その3　高校時代

これから東北大学処分粉砕運動のことを語る前に、私たちがどのような高校時代を送ったか、ということを知ってもらうのはとても有益だと思われる。高校時代の社会的な状況が大学での処分反対闘争にも大きな影響を与えたからである。ここでは、私の高校時代の経験を一つの例として取り上げながら、全体的な社会状況について述べてみたい。

ベトナム反戦などによる全国的な高校紛争の時代

当時は、１９６８年フランス五月革命の「想像力が権力を奪う」などという壁の落書きが若者の間でも話題となっていた。日本でも、知識人が言論によって異議申し立てをするだけでなく、１９６５年に結成された「ベ平連」[1]などに代表されるように、街頭に出て政府や権力に抗議するスタイルが増えていた。１９６０年代後半からは、世の中は、まさに叛乱の時代となっていた。

私は、高校入学以前は、茨城県北部の田舎の公立中学校に通っており、社会問題にはそれなりに関心を持っていたものの、高校への受験勉強に追われていた。最近、世の中で重大なことが起こっていることは知っていても、自分の身近な問題として把握できるほどの切実さはなかった。つまり、この高校に入学したばかりの私には、いったい何が起こっているのか、まだ実感を持って理解することはできなかった。とはいえ、高校に入学してからは、少しずつ、たとえ直接的ではないにしても、否が応でも高校紛争の余波に飲み込まれることになった。私たちの高校時代は、ちょうど全国的に高校でも学園紛争が起こった時代であった。当時の高校紛争は、１９６９年9月から１９７０年3月に最盛期を迎えていた[2]のである。

私は、１９７０年4月に、高校へ入学した。私が入学した茨城県立水戸一高では、ちょうどこの年の3月には、高校紛争がピークに達していた。前年の9月には、水戸一高反戦委員会[3]結成のビラが街頭だけでなく、水戸一高でもまかれた。また、11月には、学校への11項目の要求への回答を求めて、校長室の前でハンストが行われた。そして、翌年3月

10日の卒業式には、本校生を中心とする9名の生徒により、朝四時頃、事務室・宿直室・進路指導室の窓ガラスが破られ、逮捕者1名を出した。学校側は、卒業式で、生徒会長であり活動家の生徒が、卒業生代表として答辞を読むのを非常に警戒していた。そのため、この生徒が1日だけ単位認定のための出席日数が足りないことを理由にして、卒業式への出席を認めず、そのまま留年（行政用語では「原級留置」）させていた。また、入念にも、この生徒を含め2名の生徒を留年させることにより、学校側としては、何ら特別な政治的な意図はなかったかのように体裁を整えたのだった[4]。

4月に入学して間もなく、高校の中庭をぶらぶらしてみると、校長室の窓の下の壁一面に、真新しい赤のスプレーで「機動隊導入反対」などと落書きが残っていた。すでに、東京など都市部の高校から始まった高校紛争の全国的な波が、ついに利根川を越えて、ようやく水戸市まで来たのだった。ちなみに、当時の地理の担当教師は東京都出身で、「茨城は、利根川があったので、江戸からの文化の流入も遅れ、交通などの障害ともなって発展が遅れた」などと学生に講義してくれたりした。

当時、水戸一高では、月1回、1時間目に「集会」という時間があった。LHR（ロング・ホーム・ルーム）の毎月の第一週は、「集会」となっていた。当時の学校側に変革を求める活動家による11項目の要求の一つは、「毎月1回以上、教師・生徒の対話集会」であった。これは、まもなく学校側に認められ、「集会の時間」が設定されたのである。

校舎の中庭が集会場となっており、砂利が敷いてあるだけの場所に、1~3年生まで全校生が集合する。そして、中庭の校舎側には、ぽつんとして錆びかけた鉄製の演台が置かれていた。ふつうの高校では、当然のことながら、集会などは学校側が主催し、教師が司会をして、「礼」という号令とともに始まり、終了することになっている。しかし、水戸一高では、この集会の司会は、教師ではなく、生徒会が行っていた。生徒会役員を担う希望者は少なかったものの、学校側と対話するという貴重な役割を担い、生徒会顧問の教師との話し合いをしつつ、自主的な活動を保証されていた。例えば、7月の高校野球大会が始まるころには、学校全体で応援練習もするが、まだ教室に居残っている生徒を中庭に追い出すのは、教師ではなく、生徒会を中心とする応援団などの学生の役目であった。このように高校紛争の余波が強く残っていて、生徒の意見や自主性が、学校全体で尊重されていた。例えば、生徒が政治的なビラを配布するときの「申し合わせ事項」(正式名「生徒の政治的活動に関する申し合わせ事項」)も作られていた。「本校生が主体的に考え、主体的に作ったビラは学校で自由に配布してよい」。しかし、「外部の政治団体のポスター・ビラなどをそのまま用いることは制限される」となっていた。つまり、事実上、外部の政治団体のビラを学校でまくことは禁止されていた。

私たちが2年生になる頃には、制服が自由化された。このときは、民主的な手順によって、各ホームルームで十分に議論され、2か月の制服自由化試行期間が設けられた。その後、生徒投票が行われ、賛成1059、反対168、無効15で可決された。[5] これを受けて臨時職員会議が開かれ、教師側の了解が得られた。さらに、PTAに提案されて無事承認された。これにより、中心的な活動家の生徒からは、「先生方は、私たちの敵ではない。先生方の協力なしには、私たちは何もできない」などという発言が集会でなされたりした。ところで、生徒側の制服自由化の主張としては、「私たちは、規則によって制服を着るのではない。自分たちの意志で、自主的に制服を着ることに意義がある」というものであった。実際に、制服自由化後も、80~90%ぐらいの生徒は、そのまま制服を着用していた。もっとも、女子生徒の中には、パンタロンで登校してきた生徒もいた。また、男子生徒の中には、私服をいいことに、そのままパチンコ店などに出入りする生徒もいたりした。

1970年度からは、生徒の希望を生かすために、3年生を対象として科目別選択制の授業が始まっていた。学校側には、それまでの文系・理系というコース選択ではどうしても画一的になり、生徒の個別的な進路や適性・関心に応じられないという反省があった。一方で、生徒からは、受験体制に歪曲された知識詰め込め型で、受身の一方通行の授業に対しての不満が高まっていた（『水戸一高百年史』水戸一高創立百年史編集委員会、百周年記念事業実行委員会、1978）。この科目別選択制には、「少しでも選択の余地を与えることは、強制されているという観念をとり除き、生徒の自発性、自主性を高め、積極的に学習に取り組み、その適性を発揮する契機となり得るのではないか」という理念が込められていた。また、当時の『読売新聞』は、「コース別に分けた受験本位の進学指導が行われている現在の高校教育の中で、生徒の教科選択の意思を尊重しようとする同校の改革は、今後の高校での勉学指導の新しい試みとして注目される」と報道していた。[6]

私たちも3年生になると、主要教科の三分の一は選択科目となり、古典は『源氏物語』、日本史は「日本文化史」、世界史は「ワイマール共和国史」などの1単位の選択科目も開講されていた。「日本文化史」の時間では、生徒の発表が積極的に取り入れられ、蕎麦の作り方を発表した生徒もいた。また、文部省の指導要領によれば、規則上では、文部省の定める必修科目を含めて最低限の単位を取れば卒業できたので、文系では、週2〜3時間空き時間がある生徒もいた。

本来なら、この空き時間に受験勉強などをすればよかったのかもしれない。しかし、前期は、この時間にクラスの仲間で卓球を楽しんだりした（この当時は、茨城県と長野県は、前期・後期の2学期制をとっていた）。

私たちは、まだ高校紛争の余波が残る中で、受身一辺倒でない発表形式の授業、科目選択制の授業、制服自由化などの成果を享受することができたのである。しかし、この改革の意義などについて、教師や先輩の活動家から話を直接聞いたり、運動を引き継ぐことはできなかった。教師たちは、高校でのさらなる紛争を恐れてか、これまでの紛争の経過を話すことがなかった。また、先輩の活動家たちは、卒業したり、退学したり、転校させられたりしてしまったので、この貴重な経験を引き継ぐことはできなかった。しかし、私たちの心の中に、深く反響を残して、いつの間にか沈潜していったのである。

4月入学後、初めての集会の時間

ここで再び「集会」の時間に戻ることにする。生徒が自由に自分の意見を発表できる場である「集会」の最後には、ブラスバンドの演奏に合わせて校歌（『茨城県立水戸第一高等学校校歌』片岡亀雄作曲、古賀快象作詞）を歌って終了する。この校歌は、一番は、「旭輝く日の本の　光栄（はえ）ある今日のそのもとは　義人烈士の功績（いさおし）ぞ　忠孝仁義の大道を　貫く至誠あるならば　天地も為に動きなん」、二番は、「世界にきおう列強と　ならびて進む帝国の基礎（もとい）は堅忍力行ぞ　花朝月夕つかのまも古人に恥じぬ心してゆめ怠るな一千人」という歌詞で、１９０８年（明治41年）に作られたままのものであった。特に、「忠孝仁義の大道を」とか「世界にきおう列強と　ならびて進む帝国の」などという歌詞は、もはや時代に合わないものであり、教職員や生徒からは、校歌の見直しが何度か提案されていた。

私たちの入学後の4月中旬に、最初の集会が行われた。この集会は、今でも鮮明に思い出すことができる。この集会には、冒頭からハプニングがあった。集会が始まるとすぐに、一人の女子生徒が生徒会の司会から紹介され、登壇したのだった。彼女は、出席日数不足などにより3月末で退学したり、転学したりすることになった活動家の生徒の一人であった。彼女は、Ｋさんと言った。まず、簡単に自己紹介をした後で、次のように私たちに呼びかけた。

「皆さんが日常的に製品を買っている会社が、実は、ベトナム戦争[7]にも加担しているんです」

彼女は、小柄で、やせていて、神経を鋭く張り詰めたような様子であった。しかし、この女子生徒の言葉は、一つ一つが明瞭で、内容はとてもはっきりしていた。そして、自分が出席日数不足という理由で退学を強いられることに、どこかこらえきれない理不尽さがある、という思いを体中で表現していた。彼女は、最後の方は、やや早口になり、話を切り上げようとした。すると、演壇の下には、彼女の支援者の一人の男子生徒が付き添っており、「もう少しこの間の事情を説明してもいいのではないか」などと、さらに話すことを促した。しかし、彼女は、きっぱりとその声を振り切って、演壇を下りていった。当時は、高校生の活動家は、デモや反戦活動などによる出席日数不足などを理由として、退学を迫られることが多かった。また、たとえ高校側が生徒に柔軟な対応をとろうとしても、県会議員などの教育委員会に対する圧力などにより、学校側が活動家の生徒に自主退学などを迫った例も多かった。[8]

「集会」の時間には、教師の参加はほんの一部しかなかったものの、ときどき進路指導部長や校長が発言することもあった。当時の目黒敏夫校長は、東大卒業の数学教師で、眼鏡をかけて、細面で、どっしりとした管理職タイプというよりは、どこか神経質な雰囲気を漂わせていた。

この校長は、1969年4月に県教育庁指導課長から、水戸一高に赴任した。前年11月に県校長会がまとめた「一般非行問題と政治活動による問題との間に差異はないと考えられる」との指導要領の作成に相当重要な役割を果たした、と言われていた。つまり、高校生の政治活動は、生徒の自由な意見の表明として尊重されるべきものではなく、非行と同じように対処するということであった。生徒の欠席、バリケード封鎖などによる器物破壊などは、問題行動として同列に取り扱うということである。

ところで、水戸一高では、受験勉強は自宅でした方がいい、と3年生の後半の授業を欠席する生徒も多く、それまでは、欠席日数が内規の日数を少し超えていても卒業させていた。しかし、この3月に、急に学校側の方針が変更された。2名の卒業予定の生徒に、1時間の出席時間不足により落第を言い渡した。これは、「ヤミ討ち」であり、見せしめの「一種の別件逮捕だ」と多くの生徒から反発を受けた。また、卒業式当日早朝の窓ガラスへの投石で、学校側の警察への届け出により、卒業生が逮捕されたことも生徒の反発を高めた（『朝日新聞』１９７０年3月7日）。

さて、このときの集会では、生徒会の生徒による司会によって、目黒校長が演台に登場した。すると、四方八方の生徒からいっせいに拍手が起こり始める。私は、これがどういう意味なのか、最初は理解できず、戸惑っていた。しかし、これは、生徒の校長に対する歓迎のための拍手などではなくて、「やめろ、やめろ」という抗議の合図であった。すると、校長は、この様子を見て、ものの5分と話さないうちに、次のように言って自ら演台を下りたのだった。

「わかりました。もう話すのをやめます」

私は、高校3年間ずっと同じ校長だったが、3年間合計しても、15分間ぐらいしか校長の話を聞いていなかったはずである。

ところで、1時間の出席時間不足により卒業予定の生徒を落第にしたことが、どのような教育的な配慮の上でなされたのか、ということは生徒や保護者の間だけでなく、社会的にも問題となった。例えば、この問題に関して、大学紛争の波にのまれて対応を迫られていた茨城大学の関誠一学長（当時）は、次のように言っている。（『朝日新聞』1970年3月8日付）

「教育の場にあっては、処分などは二の次三の次の問題なんですよ」

東大安田講堂の戦い[9]・連合赤軍による浅間山荘事件[10]

当時は、自分がこの世界に、1、2年早く生まれるかどうかで、人生が大きく変わったのである。ふつうは、社会と高校との関係は、あまり交わらない漸近線のようなものであった。高校は、どちらかというと社会からかなり隔絶されている。しかし、このような社会的な叛乱の時代には、急に地球の磁界がゆがんでしまったかのように、社会と高校の距離が非常に近くなった。高校生という多感で、影響を受けやすい世代では、たちまち全国的な学園紛争の波の中に巻き込まれて、運命が変わる可能性があった。私は、今でも、この時代を思い出しては、思わず身震いすることがある。もし、私がもう1年早くこの世界に生まれていたら、私も当時の高校生活動家のように、高校を退学して、社会に飛び出し、自分が正しいと信ずる社会変革を目指す活動などに身を投じていたかもしれないのである。
とはいえ、当時、高校1年生ぐらいだった私たちの世代は、高校紛争の中心的な担い手であった2〜3歳上の世代とは、考え方に決定的な違いがあったように思われる。私たちは特に、大学などでの学生運動などに対して、徹底して否定的な考え方を、マスコミなどを通して刷り込まれていた。

私たちに強いインパクトを与えたのは、主には、次の二つである。まずは、１９６９年1月18、19日の東大安田講堂での機動隊と籠城した学生との攻防である。次に、１９７２年2月の連合赤軍による浅間山荘事件であった。

東大安田講堂での機動隊と学生との攻防では、機動隊は、安田講堂にバリケードを作って立てこもった学生に対して、ガス弾や放水弾で攻撃し、６３１人を逮捕した。このとき使われた催涙ガス弾は、「佐世保で使った糜爛《びらん》ガスと同じもので、これに長時間曝された青年たちは、重度の火傷を負うことになった」[11]。また、逮捕された学生は、機動隊のカマボコ車に連れて行かれる途中で、引きずられたり、何度も殴られたり、暴行を加えられた。この模様は、テレビで長時間にわたって放映された。そして、１９６９年1月20日夜には、安田講堂などを視察した佐藤栄作首相の意向により、東京大学の入試が中止された。戦争など突発的な出来事以外で大学入試が中止されたのは、戦後ではこれが最初で、最後であった。この中で、まだ中学3年生で高校受験を間近に控えた私たちにとって、いわゆる過激派学生に対するイメージは、テレビなどのマスコミを通して、かなり否定的なものとして刷り込まれることになった。

1972年2月の連合赤軍による浅間山荘事件のときは、1954年生まれの私たちは、高校2年生であり、身近に迫りつつある大学受験を意識せずにはいられない時期でもあった。本来なら受験勉強に集中し始めているころで、たとえ歴史的にも重大な社会的な事件であっても、できれば、見ぬふりをしてやり過ごしたいところであった。しかし、テレビやマスコミが連日報道し、この事件に否が応でも目を向けざるを得なくなった。そして、特に、3月になって、連合赤軍による浅間山荘でのリンチ殺人事件がマスコミで報道されるにつれて、その陰惨さには、ショックを受けずにはいられなった。テレビは、リンチ殺人事件の犠牲者の死体を掘り出す様子を、1週間ぐらいの間、毎日延々と放送し続けたのである。本来なら、警察はすぐ犠牲者を掘り出せたはずであった。しかし、政府・マスコミ一体となった全国民への過激派キャンペーンの一環として、意図的に、毎日2、3体ずつ連合赤軍の活動家の遺体を掘り出し、世間の人々の注意を引きつけたのであった。後で考えても、このキャンペーンは、見事に成功したと思われる。私たちは、これ以降は、いわゆる過激派に対して、すっかりアレルギー反応を起こし、意識的にも無意識的にもそれなりの距離をとることになった。また、当時多発した内ゲバも、新左翼のいろいろな党派に対する嫌悪感を高めた。そして、その反動としてなのか、私たちはできるだけ自分の身の回りだけを見ようとし、「やさしさ」にあふれた四畳半的なフォークソングに共感した。政治的にではなく、内向的に向かう傾向が増長された。とはいえ、私は大江健三郎や高橋和巳などを読んで、社会問題に対する問題意識だけはどうにか失わずにいた。しかし、大学に入学しても、学生運動などに関わろうとは思わなかった。私はかろうじて、将来的には、何らかの社会参加をし、アンガジュマン[12]をすることもあるかもしれない、という意識だけは持ち続けていた。

　１９７０年代に入ると、１９６０年代後半に高揚した大学紛争も、少しずつ終息しつつあった。私たちは、すでに遅れてきた世代となりつつあった。私たちは、全共闘世代を含む前の時代の波に乗ることはもはやないだろうと思われた。世界的にも、１９６４年から始まったベトナム戦争も、１９７３年にはパリ協定が結ばれ、終結に向かおうとしていた。

その2、3年後には、ベトナム戦争が完全に終わり、やがて南北ベトナムが統一された。サイゴン陥落のときに、アメリカは、アメリカに協力した政府高官などを含む1万1千人以上ものベトナム人を自国に引き取った。1990年には、ベトナム難民は約62万人に増加し、アメリカのエスニック料理に、タコスなどに代表されるメキシコ料理に加えて、ベトナム料理が加わり、全米的に広がりを見せた。

時代の状況は、ベトナム反戦やスチューデント・パワーの時代から、少しずつ変化しつつあったのである。ニクソン大統領の選挙スローガン「法と秩序」("law and order")に象徴されたように、社会的な混乱にかなり疲弊した人々は、――ニクソンは、これらの人々を「サイレント・マジョリティ」(「物言わぬ大衆」あるいは、「声なき声」)と呼んで、自分への支持を集めた――すっかり内向きとなり、無意識的にも癒しを求める時代に入ろうとしていた。

注釈1~12

1　「ベ平連」(べへいれん)(正式名「ベトナムに平和を!市民連合」)1965年に、鶴見俊輔、高畠通敏、小田実などによって結成された。同年、吉川勇一は、2代目の事務局長になり、「ベ平連」が解散するまで事務局長を務めた。日本のベトナム戦争反対の運動体で、運動団体としての規約や会員名簿はなく、市民がだれでも自由に参加してデモに加わることができた。ベトナム戦争に行くアメリカ兵を北海道からソ連経由で脱走させたこともあった。１９７４年解散。

２　『高校紛争１９６９-１９７０「闘争」の歴史と証言』小林哲夫、中公新書、２０１２

３　「水戸一高反戦委員会」「（１９６９年）九月初めに校内に反戦委員会が秘かに結成され、学苑祭の二日目、九月二十七日の仮装行列に赤ヘルメットスタイルが出現。十月五日にベトナム反戦の街頭募金や署名運動が行われた。十月十日に東京で過激派学生の統一集会」があった。（『創立九十周年記念 水戸一高史』創立九十周年記念水戸一高史編集委員会、１９７０）

４　当時活動家からの批判の矢面に立った目黒敏夫校長は、当時を振り返って、次のように述懐している。（『水戸一高百年史』水戸一高創立百年史編集委員会、百周年記念事業実行委員会、１９７８）

「生徒の言うことを聞いていると、大人の世界が勝手で、大人の都合のいいことばかり考えている。だから、むしろ大人が反省してかからなければだめだと強く感じた。そういう意味で、私も心が洗われた気がする。それが私の考えの基本の基本になっているから、それであの時の私の態度をほかの人は、だらしないとか、弱腰だとかいうとらえ方をしただろうと思う。それから、水戸一高が拠点校になっているから、もし封鎖が行われたら県でも黙っていず、警察力を入れろとなる。そうなると生徒との対話が完全に切れて、当時の方々の学校のように学校不信・教育荒廃に陥るから、それ

を一番におそれたのです」（1977年11・24談）

この目黒元校長の談話については、それぞれの立場により捉え方が異なるだろう。しかし、当時の学生にとっては、高校紛争を弾圧するための、卒業寸前の学生に対する前例のない落第言い渡しであり、教育的な配慮に欠ける管理職として映った。その後、目黒校長は、定年退職してから水戸予備校で数学を教えた。しかし、当時私も浪人中であったが、この予備校に通ったり、数学の授業を受ける気にはどうしてもなれなかったのである。

5 『水戸一高百年史』水戸一高創立百年史編集委員会、百周年記念事業実行委員会、1978

6 「紀要　第11号（昭和46年度）水戸一高の選択制」茨城県立水戸第一高等学校研修係、茨城県立水戸第一高等学校、1972

7 「ベトナム戦争」（1964〜1975年）ベトナムは、長年フランス植民地であった。フランスの撤退後に、「一つの国が共産主義国になると次々に周囲の国が共産主義になる」というドミノ理論によりアメリカが参戦した。当時ベトナムは、南北に分断されており、社会主義のベトナム民主共和国（北ベトナム）と資本主義のベトナム共和国（南ベトナム）が争っていた。1975年のサイゴン陥落により終結した。

8 水戸一高の卒業式早朝の窓ガラス破損事件では、自民党の横田栄一議員が、定例本会議で後藤勤治教育長の考えを追及した。教育委員長は、事件の概要を報告した後で、「遺憾な事件で、申し訳ない」と陳謝している。（『朝日新聞』1970年3月10日付）

9 「東大安田講堂の戦い（攻防戦）」1969年1月18日、19日には、それまで2年間続い

10

た東大紛争が最終局面に突入した。加藤一郎東大総長代行の要請により、機動隊８５００人が動員され、東大安田講堂に籠城した学生を強制的に排除し、６３１人を逮捕した。その際、機動隊は、強い火傷力を持つ催涙ガス弾や強力放水を使用した。この安田講堂攻防戦は、テレビで一部始終がずっと放送された。これを受けて佐藤栄作首相は、この年の東大入試を中止した。また、１月19日午後５時過ぎに、東大全共闘によって安田講堂から流された最後の言葉は、その後も注目された。

「われわれの闘いは勝利だった。全国の学生、市民、労働者の皆さん、われわれの闘いは決して終わったのではなく、われわれにかわって闘う同志の諸君が再び解放講堂から時計台放送を行う日まで、この放送を中止します」

「浅間山荘事件」（連合赤軍メンバーによる事件）連合赤軍は、１９７１年７月に、「世界同時革命」を唱える赤軍派と、毛沢東主義をとる「一国革命」論の京浜安保共闘の合体によって結成された。その後、群馬県の山岳地帯を中心に軍事訓練を重ねていた。１９７２年２月に警察の山狩りにより最高幹部の森恒夫（１９４４～１９７３年）、永田洋子（１９４５～２０１１年）が逮捕された。警察の捜査などにより追い詰められた坂口弘（１９４６～）ら５名が、２月19日に、軽井沢の会社保養所「浅間山荘」に管理人の妻を人質にとって立てこもった。その後、警官隊との間で10日間に及ぶ攻防戦が行われた。２月28日に、警察側は、クレーン車で吊るした大鉄球で山荘を打ち壊し突入した。これによって人質は救出され、５名は逮捕された。テレビ各社が異例の対応をして、２月20日から28日までこの事件を長時間にわたり現場中継した。浅間山荘事件の落着後、３月には、連合赤軍内部で「闘争に対する意識に欠ける」として、「総括」と称するリンチ殺人が行われていたことが判明した。森と永田の決定により「党規違反」の名目で14名が処刑されていた。妙義山で一遺体が発見されたのを皮切りに、次々と遺体が発掘された。テレビ局各社は、再び、警察が赤軍派学生の遺体を発掘する様子を毎日のように長時間放送した。

11 『安田講堂1968-1969』島泰三、中央公論新社、2005

12 「アンガジュマン」フランスの哲学者J・P・サルトルは、第二次世界大戦後に、政治などへの、自主的で積極的な参加を「アンガジュマン」という言葉で表現した。

その４　学生大会～なぜ教養部自治会をとらなくてはいけないのか

１９７５年に８・20政治処分が行われてから、９月10日、11月12日、12月11日、１月21日と闘争の節目になる学生大会が４回行われた。学生大会の前後の動きも含めて、その成果とそこに至る過程を見ていこう。

歴史的な９月10日学生大会から前期試験が終わるまで

まず、私たちがハンガーストライキをしている最中に行われた学生大会について詳しく見ていきたい。９月１日からの学生大会要求の署名から、本格的に処分反対闘争は始まった。この日からわずか４日間で「処分粉砕！サークル闘争勝利」を掲げた学生大会開催を求める約１３００名の署名が集まり、臨時学生大会が９月10日に開催されることになった。

9月9日に、処分に反対する学生の組織として全C連（全教養部連絡会議）が正式に結成された。1968年の東大闘争の頃から「全共闘」という名前が有名になるが、この段階では、教養部だけの組織であり、まだ全学部の組織とはなっていない。全C連は、闘争の盛り上がりとともに将来的には結成されることを目指す「全共闘」（全学共闘会議）の前段階の組織である。後に、東北大学でも、1976年の5月頃には、約4年ぶりの「全共闘」に近い組織が結成されることになる。しかし、この学生大会では、全C連という名前で議案書を提出することになる。表面的には、ヘゲモニーを握っているのは青ヘルであるが、実態的には、全C連は「サークル協議会」、「部室のないサークル会議」、ノンセクト・ラディカルなどのゆるやかな集合体であった。

9月10日に、1800名の学生参加により、1972年の学費闘争以来3年半ぶりに学生大会が成立した。「東北大学教養部自治会規約」によれば、約4800名の教養部生の三分の一（約1600名）で学生大会が成立する。

この学生大会は、当日、午後1時から第1サークル棟前の、ぽっかりと空いた芝生の空間で行われた。民青系の山田教養部自治会執行部は、休校措置を大学当局に要請しなかったため、休講措置も取られず、適切な大学構内の場所さえも確保できなかった。しかし、全C連処分粉砕全学共闘は、次のようにＡＢＣ講義棟を回って一般学生に訴えた。

「授業を受けるか、学生大会に参加するかではない。すべての学友が授業を放棄して学生大会に参加すべきである」

私たち「濫觴同人」は、このときはハンスト中でもあり、体力的にもかなり消耗していた。でも、ちょっとよろつき気味ながらも、この歴史的ともいえる学生大会に参加した。

被処分者（退学2名、無期停学6名、警告11名）も、当然のことながら、この学生大会に参加した。しかし、大学側は、被処分者が学生大会で発言して、一般学生に大きな影響を与え、処分反対闘争が一気に盛り上がったりすることを非常に警戒していた。そのため、「退学者」に対しては、教養部のすべての入り口に「以下の者は、学内立ち入り禁止」という立て札を立てて、もし学内で見かけると「おまえは、学外者ではないか」などと威嚇した。また、「無期停学者」に対しては、保護者に「一度でも学内で姿を見かけたら、あるいは、一度でもグループと接触があったことが確認されたら、復学はありえません」「他の被処分者との交友関係を一切絶って、仙台を離れなさい。学生大会に出れば、退学になります」などと脅迫めいた電話をした。また、「警告処分者」に対しては、やはり保護者に「お宅のお子さんの退学処分は、もう決まったようなものです。軽くて無期停でしょう」などと恫喝する電話をした。大学当局は、いかなる手段を使っても、被処分者が学生大会に参加して発言するのを阻止しようとしていた。

午後1時から始まった学生大会は、まず、3人の議長団を選出することから始まった。そして、全C連（全教養部連絡会議）の推薦した議長団が議事進行を行うことになった。まず、民青系教養部自治会執行部提出の議案書が山田委員長から説明された。

さて、ここで民青系教養部自治会執行部は、完全な敵対勢力として、処分粉砕を求める学生の前に現れたのであった。8・20政治処分粉砕を求めて、1300名もの署名で開かれたはずの学生大会の場で、次のように表明したのである。

「処分された学生は、学生ではない。この処分は当然であり、撤回闘争は一切組まない」

「学園から暴力を一掃する決議を挙げよう」

これについては、多くの学生からの怒りを引き起こした。次に、全Ｃ連の議案書の説明が行われた。ここでは、「30番台教室自主使用の正当性」「８・20政治処分の白紙撤回」が訴えられ、「無期限ストライキ」による高橋富雄教養部長との「大衆団交実現」が具体的な行動方針として提案された。

それぞれの議案書説明の後で、５時間にも及ぶことになる自由討論に移った。この中で、民青系自治会執行部一派が、当日早朝に地区民青を大量に動員して、処分粉砕を叫ぶ学生に対して暴力的な対応をしてきたことが明らかにされた。民青にとっては、「暴力一掃」というスローガンが、単なる政治的なものでしかなく、自分たちの必要性があれば、いつでもゲバルト隊を用意していたのである。

大学当局からのさまざまな圧力に屈することなく、この学生大会に結集した被処分者からの発言もそれぞれあった。その中でも、退学処分を受けたＳ・Ｅ君の演説は、この学生大会のまさしく白眉と言ってもよかった。Ｓ・Ｅ君はマイクの前に登場したとき、９月初旬のまだ暑い日差しの中で、黒色のサングラスをかけていた。とても落ち着いた様子で、左右両側の学生にも絶えずアイコンタクトを送りながら、処分の不当性を論理的に、しかも、冷静な情熱をもって訴えた。第1サークル棟の前の芝生に集まった学生たちは、この劇的な円錐空間の中で、シーンとなって、耳を一心に傾けてこの演説に聞き入っていた。

5時間の自由討論の後で、二つの議案に対する採決が行われた。午後1時過ぎに始まった学生大会は、もう6時間近くにもわたろうとしていた。この採決に入ったのは、実に午後6時30分過ぎであった。

教養部自治会執行部議案書支持	661
全C連議案書支持	516
保留	488
委任状	147

結局、どちらの議案書も過半数を獲得できず、可決保留になった。この議案書とともに

一括採決した「処分の白紙撤回を求めて、大衆団交を実現する」との全Ｃ連提出の特別決議案は次のようになった。

賛成　９０４
反対　３８７
保留　３５９

これにより「処分の白紙撤回を求める教養部長との大衆団交」は、学生大会の決議として採択された。

次に、これを受けて全Ｃ連は、団交を拒否された場合の「無期限ストライキ」という行動方針を提案した。しかし、この提案は残念ながら否決された。そこで、すぐに全Ｃ連から「２週間ストライキ」という修正動議が提出された。これについても、次のような結果になり否決された。

賛成　５５０

反対　　　　　　　　８４７
保留　　　　　　　　２０２

この学生大会では、確かに「処分白紙撤回、団交実現」が決議された。しかし、肝心な行動方針としての「２週間のストライキ権」は確保できなかった。これは、処分撤回に向けた戦いのきわめて不十分な勝利であり、これからの処分粉砕闘争の先行きの困難を予想させるものとなった。というのも、大学当局の思惑通りに、学生は9月中旬から前期試験が始まると、単位修得という目の前の課題に懸命に取り組まざるを得なくなる。つまり、学生は、定期試験という日常性の中に戻ってしまうからだった。学生大会を通してせっかく高まった処分の不当性への怒りやエネルギーを一気に冷やしてしまうことになる。これこそが、夏休みに処分を行うという大学当局の狙いの一つでもあった。

9月16日から前期試験が予定通り始まった。そして、教職員などによる学内パトロールも始まった。

全C連では、試験ボイコットも一つの戦術として検討された。しかし、結局、処分の不当性を訴えるビラを出したりして、この間の状況を一般学生に情宣し、クラス討論などを積極的に行うことを決定した。とはいえ、これは、残念なことに戦術の限界性が明らかになっただけだった。このため処分粉砕に向けた運動はしばらく停滞し、文学部、教育学部などの有志グループは、全Ｃ連には直接関与せず、当の全Ｃ連も、ほとんど機能麻痺の状態に陥った。

民青系自治会執行部の大学当局との秘密交渉

10月３日からは、前期試験も終わって、何事もなかったように後期授業が開始された。処分粉砕闘争は、行き詰まり気味で、これからの展望が見えにくくなってきた。

この間隙を狙って、日共――民青の教養部自治会執行部は、「教養部長団交」に向けた大学当局との秘密の予備折衝を行おうとした。これは、大学当局にとっては、早期に処分問題を終結させ、学生の処分反対運動に集まったエネルギーを分散させるのに、まさに好都合であった。また、民青系教養部自治会執行部にとっては、「暴力一掃キャンペーン」のもとに自分たちが教養部でヘゲモニーを握り、大学の秩序を回復させた、と教養部の学生に成果を主張するのに好機だった。学生大会の場で、処分に賛成することで、いったん離反してしまった一般学生の支持を獲得しようという政治的な思惑に基づくものであった。

そして、9月10日の学生大会の「処分白紙撤回、団交実現」という議決にもかかわらず、日共――民青の教養部自治会執行部は、「処分賛成」を前提としつつ、大学当局に対して「疑問点を明らかにしよう」とする説明会へとすり替えようとした。また、この学生大会の決議の意図的な撤回を秘密裏に画策し、決議文の提案団体である全C連や被処分者会議などと接触を持つことも、討論することもなかった。

10月4日、全C連に大学当局と民青系教養部自治会執行部が秘密裏に予備折衝を行おうとしている、という情報が入った。そこで、処分に反対する学生たちは、彼らが予備折衝会場に、講義棟の裏側から向かおうとするのを見つけた。そして、予備折衝の場所を問いただそうとすると、走って逃げ去った。ついには、彼らは経済学部のゼミ室に閉じこもった。これに対して全C連側の学生は、この経済学部のゼミ室に作られたバリケードを破って入り討論を要求した。しかし、民青系教養部自治会執行部は、「被処分者は学生ではない」という姿勢を変えることはなかった。

その後、再び、教養部自治会執行部と大学側との間で、10月24日に、秘密交渉が行われるという情報がもたらされた。今度は、民青系教養部自治会執行部は、大学当局との秘密予備交渉を是が非でも成功させるべく、民青同（「民青」「民青同盟」とも言われる）ピケット部隊を配置していた。これにより、大学側との予備交渉の公開を求める全C連の学生と民青系自治会執行部との間に衝突が起こった。その後、これを口実にして、民青系自治会執行部は、全C連の50数名の学生を暴行・傷害罪などで大量告訴した。そして、さらに大々的に「反暴力キャンペーン」を行った。しかし、「暴力一掃」と主張しながら、いざ重要な決戦局面になるとピケット部隊を配置し、暴力を使って突破しようとするのも辞さない、というのが彼らのやり方でもあった。

この間に、全C連は、再び、わずか４日間で学生大会要求署名を集めた。そして、10月24日に、教養部自治会執行部に「臨時学生大会」を要求する署名を提出した。これについては、即時公示が慣例・原則であるが、教養部自治会執行部は、20日余りを過ぎた11月12日に臨時学生大会を設定した。署名の中身が「自治会執行部罷免・臨時自治会執行部」であったからである。また、「反暴力キャンペーン」や告訴によって時間稼ぎをし、学生大会で自分たちに有利になるように引き延ばしを図ったのである。とはいえ、この頃には、大学当局と連携して、自らの党派的利益のために、学生運動を弾圧する側に立とうとする民青系自治会執行部に対して、一般学生からの信頼はすっかり失墜していた。

歴史のパラドックスかもしれないが、反動勢力が矛盾と混乱を深化させることにより、結果的には、次の新しい時代への推進力を切り開くことがある。「ミネルバの梟は夕暮れに飛び立つ」（ヘーゲル）のである。民青や反動教官の強権的な対応によって、大学当局の矛盾に満ちた対応が一層明らかになり、処分反対闘争を戦う学生も、一般学生も問題の本質がよく見えてきた。そして、処分反対闘争もますます先鋭化せざるを得なくなり、運動のモメンタムが高まってきたのである。前期試験後にすっかり停滞していた処分粉砕運動が、もう一度高まっていく気配が見えてきた。私たち文学部と教育学部の有志グループは、前期試験後には、全C連のフラクションに参加するのが途絶えがちになっていたが、ここで再び積極的に参加するようになったのである。

私たち「処分に反対する文学部の有志」（以下「文学部有志の会」）は、「49L通信　四九発句（しくはっく）」や「49・50LP通信　わんわん」などのビラを配布して、文学部・教育学部の1・2年生や一般学生に処分の不当性を訴えた。「49L通信　四九発句」というのは、私たちが昭和49年（1974年）4月の文学部への入学で、学籍番号も「49L～」と呼ばれたからである。同じように、１９７５年入学の文学部生は、「50Ｌ～」と呼ばれた。また「わんわん」というビラの名前は、文学部の３クラスあったクラスの１組神保美彦君の提案であった。当時の文学部や教育学部の仲間の処分反対運動には、「部室のないサークル」や「文学部有志の会」などといろいろと人脈的にも交錯していた。この「わんわん」というのは、１９７５年６月に、仙台の中心部を流れる広瀬川を眼下にした西公園で上演された『阿部定の犬』（「68／71黒色テント」佐藤信　作・演出）にちなんだものであった。この黒色テントのアングラ劇に登場する「権力の犬」（「ご町内の三人組」――松島さん、厳島さん、天の橋立さん――は、私たちには、そのように見えた）は、「わんわん」と吠えて何ともこっけいで、しかも、どこか哀れでもあった。まるで私たちの姿が反映されているようでもあった。これまでのリアリズムの、あら筋がすっきりとした演劇しか知らない仲間も多かったので、このアングラ劇のインパクトは大きかった。それまで演劇を見たことがなかった人でも、この「68／71黒色テント」の「喜劇昭和の世界　３部作」の第一作『阿部定の犬』にはすぐに引き込まれた。

このアングラ劇が妖しく放つ、日本の現代社会の底流を流れていた昭和の猥雑なエネルギーは、どこか郷愁にも似た懐かしさを引き起こした。ここには、どこか閉塞感を抱えて、心の奥底で何かを渇望していた私たちの感性と通じるものがあった。そして、これは、処分粉砕闘争における大学側の学生管理や強権的な体制に異議申し立てをしようとする私たちにとって、とても共感できるものがあった。「権力の犬」になっていたのは、もしかしたら、現実に何もできなかった私たちであったのかもしれない。

臨時学生大会・臨時自治会執行部の樹立

11月12日の臨時学生大会は、1300名の学生参加により、学生有志大会になった。「教養部自治会規約　第9条」によれば、約4800名の教養部生の六分の一（約800名）以上の学生参加で学生有志大会が成立する。9・10のような学生大会は、三分の一以上（約1600人）の参加が必要なので、成立するにはかなりハードルが高いのであった。

この学生有志大会で民青系教養部自治会執行部が罷免され、処分粉砕運動を闘う「教養部臨時自治会執行部」が樹立された。また、文学部からも寅野君が臨時執行部入りした。ようやく政治処分粉砕を戦う自治会執行部が樹立された。つまり、大学当局に正式に教養部長団交を申し入れる体制ができたわけである。8・20政治処分が行われてから、すでに3

か月近く経っていた。

しかし、ここで、「有志学生大会の決議は之を公示し、公示の日より五日以内（除休日）に全会員の五分の一（約1000名）以上の異議あるときはその効力を発しない」という自治会規約第10条が妨げとなったのである。数日後に、民青系教養部自治執行部により破棄署名が集められ、臨時学生大会の決議は破棄された。これにより、教養部自治会執行部を結果的には奪取できず、今回もストライキ権を確立できなかった。さらには、11月15日には、民青の告訴によって、選出されたばかりの青ヘル系の教養部臨時自治会執行委員長が逮捕された。また、翌日の16日には、サークル部室が警察により不当捜査され、物品も押収された。これは、1974年7・3協定に反して、これまでの学生側の組織である「サークル協議会」（通称「サ協」）と大学当局の窓口である「サークル活動専門委員会」（通称「サ活専」）との「サークル教室内に学外者を入れる時は、サ協と当該サークルの事前承認を得る」という確約を無視する大学当局の暴挙であった。

また、11月20日には、大学当局から「8・20以降、一連の不法行為を行った」という理由で、16名の学生を名指しした警告が行われた。

粉雪の舞う定期学生大会

11月12日の臨時学生大会後には、自治会規約により、近日中に定期学生大会が開催される予定になっていた。しかし、民青系教養部自治会執行部は、定期学生大会を開催せずに、12月末の任期切れに持ち込もうとした。「教養部自治会規約　第34条」によれば、「役員の任期は半年とする」と規定されていた。これに対して、全C連は、自治委員会（各クラス1名選出）を12月9日に開かせ、「大衆団交の実現、自主管理自主運営の恒久サークル棟実現、30番台開放へ向けたサ活専団交の実現」の議案書が可決された。

自治委員会は、「学生自治会を代表、学生大会に次ぐ通常議決機関」（教養部自治会規約第15条）であり、「学生大会に提出する議案の作成及び審議」（同　第16条　1）を行う。また、「自治委員の三分の一以上の要求があった場合」（同　第12条　2）は、自治委員長は、臨時学生大会を招集しなければならない。

この12月11日の定期学生大会では、民青系教養部自治会執行部は、アリバイ的にハンドマイクで学生に学生大会参加を呼びかけるというサボタージュを行った。そのため、定期学生大会に参加した学生は数百名だった。また、彼らは、またも体育館などの場所の手配もせず、大学当局に休講措置を求めることもしなかった。そのために、学生大会が成立せず、結果的には学生集会となってしまった。「教養部自治会規約　第9条」によれば、参加者が六分の一（約800名）に満たなければ有志学生大会も成立しない。この場合は、数百名の参加なので、何らかの決議をしても教養部自治会としての拘束性のない学生集会となる。

この定期学生大会（学生集会）は、午前11時からA、B講義棟の間で行われる予定だった。しかし大学当局は、またも学生大会を認めず、A、B講義棟のドアを施錠して、学生の自由な通行を止めつつ、授業を強行した。そのため学生大会は、A、B講義棟間で、かなりの悪天候の中で、寒風にさらされつつ、やがて雪の降る中で開催された。

私たち文学部49L-2（昭和49年入学2組）の仲間たちは、だれかが持ってきたウィスキーをお互いに回し飲みしながら、ようやく寒さをしのいだ。このときのウィスキーは、ホロ苦で、ちょっとスモーキーで、ずっと忘れられない味であった。また、周囲では、集めてきた木の束を燃やして暖を取る学生の姿も見受けられた。これは、大学という場所で思わぬ形で出現した、ひとときの解放区であったのかもしれない。

学生側が3講時目の授業の強行を許さず、学生大会を成功させようと実験棟にピケをはった。すると、大学当局はいわゆる数十名の「学内機動隊」（反動的な教官と事務員）を動員し、ピケ部隊を包囲した。ここで小競り合いになり、学生数名が負傷し、頭に3か月の重傷を負った者も出た。そして、「学内機動隊」が退くとともに、大学当局により50名の機動隊が導入された。しかし、学生大会に参加していた学生を中心として、それまで授業に出ていた学生も参加して、約1000名の学生の「機動隊は帰れ、帰れ」というシュプレヒコールをもって応えた。また、文化系研究棟の前に座り込むなどの抗議行動により、機動隊を道路まで追い返した。そして、学生大会が再開され、議案書説明が続行された。

学生大会（学生集会）は、「機動隊導入に対する抗議声明」を可決し、「大衆団交の実現、自主管理自主運営の恒久サークル棟実現、30番台開放へ向けたサ活専団交の実現」の議案書も可決された。しかし、これは残念ながら、学生大会ではなく学生集会であったため、これらの決議には拘束力がなかった。

機動隊の導入をどうして知ることができたのか

11月12日の学生大会やその後の1月18日の学長団交（後述、131〜135頁）などで、どのようにして事前に大学当局の機動隊導入を知ることができたのか。むしろ、この問いは、宮城県警の機動隊が川内キャンパスなどに入る前にどうして知ることができたのか、と問い直した方がよいだろう。

当時は、「『救対《きゅうたい》』なくして、闘争をするな」と言われていた。「救対」とは、救援対策のことである。例えば、街頭でジグザグデモなどをすると警察に逮捕されることがある。このときに、逮捕された学生に必要なものを差し入れたり、面会をしたりするのが「救対」の仕事である。なにしろ大学構内においても、大学当局の機動隊導入などによって、「不退去罪」や「威力業務妨害」などで逮捕される可能性があった。ところで、全C連として、特に「救対」のような組織が設置されていたわけではなかった。しかし、実際は、学生が機動隊に逮捕されたりした場合は、いつのまにか「救対」がうまく機能していたのである。これは、当時「現代イデオロギー研究会」というサークルがあって、自主的に「救対」を担っていたからであった。このサークルが出した「救対の心得」というビラには、例えば、次のように書いてある。

「斗争（闘争）主体各自が権力の弾圧に対する基本的対応について認識しておかねばならない。それを抜きにしては総合対策も存立し得ないことを銘記せよ！」

「（デモをするときには）足まわりはバスケットシューズ等脱げにくいもの、上着はヤッケ、ジャンパー、コート等のひっぱられにくいものを着用。冬の仙台は寒いが、マフラーは禁物である。」（注：カッコ内は、筆者による）

これを見ると、各自の自主的で、基本的な対応なしに「救対」はありえないことがわかる。また、デモをするときの服装として、引っ張られやすい服装を避けるために「冬の仙台は寒いが、マフラーは禁物である」という指摘は興味深い。

このような「救対」の仕事の一環として、大学当局の機動隊の導入に対する対応があった。「現代イデオロギー研究会」は、6・23の「30番台自主使用」のときも、第1サークル棟」演劇部で行われたフラクションで、機動隊に対する警戒を呼びかけていた。このサークル代表のＫ・Ｕ君は、常に白衣を着て黒色のサングラスをかけており、いつでも沈着冷静に見えた。また、彼は、ひたすら「救対」に徹していたので、デモなどで闘争の前面に出ることはなかった。

「学費闘争の頃に、㋖（マルキ）が入ったのは、この演劇部室の上のところとテニスコートの上、つまり『30番台教室』のところからなんだよね」（筆者注：㋖とは機動隊のことである）

Ｋ・Ｕ君は、１９７２年の学費闘争の頃からの活動家であり、機動隊導入のときの配置などの情報収集をしていた。そのため、処分粉砕闘争で機動隊が導入されそうな緊迫した状況のときには、大学周辺にレポ隊（報告をするための連絡員）をタイミングよく配置していたのである。これらのレポ隊は、オートバイに乗って迅速な情報収集を行っていた。

川内のセクト構造について

これまで川内のセクト構造の中で青ヘル（反帝学評）が全C連のフラクションではずっとヘゲモニーを握ってきた。しかし、私たちは、処分粉砕闘争の行き詰まりを感じることも何度かあった。青ヘルにも被処分者はいたのに、どこか大学内での闘争にあまり熱心でないような印象を受けた。つまり、セクトとしては、狭山裁判闘争[1]や赤堀闘争[2]、学費値上げ反対[3]などの全国的な政治闘争が中心で、必ずしも処分粉砕闘争勝利に集中していないような印象を受けた。あるいは、川内キャンパスをずっとセクトとして制圧し、東北大学の学生運動の歴史を経験してきた青ヘルも、この閉塞した状況を打破する方針を見つけられなかったのであった。私たちは、すでに9月から3回の学生大会を開催したものの、この闘争の限界性というか、袋小路のようなものをどこか漠然と感じていた。もし、これから何か戦術的な転換がなければ、１９７２年の後期試験ボイコット・大量留年の二の舞になってしまいそうな予感もあった。つまり、処分粉砕闘争の先行きが見えなくなっていたのである。このような状況ほど、多くの活動家たちに不安を与えるものはない。自分で主体的に行動しようとしても方向性がわからず、エネルギーを消耗してしまうのである。このようなときは、次の二つの選択のうちどちらにするしかないか、と迷ったりする。つまり、一つの選択としては、どこかのセクトに入って明確な闘争の未来像を確保して、安心感を持つというものである。もっとも、これは実際には、単なる幻想となる危険性との背中合わせでもあった。特に、この頃は、青ヘル（反帝学評）と革マル派[4]との内ゲバも関西圏や関東圏などで頻発しており、党派に属するということはかなりの覚悟も必要だった。そして、もう一つの選択は、この闘争からドロップアウトして、しばらく大学から身を引き、自分が信じられる日常性の中に身を置くことである。実際、いつの間にか大学から見かけなくなってしまった仲間もいた。闘争が沈滞するということは、多くの活動家にも大きな影響を与え、個人個人が究極的な選択を迫られることにもなる。それは、自ら主体的に闘争に関わるからこそ迫られる選択でもある。しかし、状況はどうなるのか、明日の展開はどうなるのか、全く予測できないのである。このような不確実性の中で生きるということは、何らかの忍耐が必要あり、しかも、それが義務ではなく、自らの主体的な選択であるがゆえに、さらに難しい選択ともなる。

京都大学同学会との連携と開かれた展望

このような時に登場してきたのが、「京都大学同学会」[5]との連携であった。当時、京都大学では、竹本処分で揺れていた。経済学部の助手だった竹本信弘氏（滝田修はペンネーム）は、1972年に「米軍グランドハイツ強盗未遂事件」の共謀共同正犯で指名手配され、不当逮捕を避けるために地下に潜った。その後、経済学部では、竹本氏の長期無断欠席による免職処分が検討されていた。しかし、「京都大学同学会」などが中心となって処分に反対し、これは教官の勤務という視点だけでなく、思想弾圧の可能性もあるということで問題になっていた。ここにおいて、東北大学と京都大学の学生は、処分の内容には違いはあっても、処分問題という共通の課題で連携する余地があった。

12月6日には、「京都大学大学院有志からの要望書」が東北大学学長・評議会・教養部教授会宛てに届いた。この中では、次の3点において今回の処分が不当であると考えられるので、白紙撤回を要望すると書いてある。この要望書の指摘は、見事に処分の不当性を明らかにしていた。

(1)　東北大教養部当局及び東北大当局は処分権を有しない。というのも次のような理由があるからである。

①　処分根拠規定たる東北大学学部通則29条「……または学生の本分に反する行為のあったものは……懲戒する」の規定は「罪刑法定主義」に反する。

②　学部細則は、〈処分の公正〉を保証する手続き規定を有していない。弁護人の陳述を保証する規定がない。

(2)　今回の処分手続きは全く不当なものである。

①　事情聴取なしに欠席裁判で行われた。

②　学部通則細則8条によれば、評議会段階で処分が決定されるのに、教養部段階で処分を決定し、学生にすでに処分内容を通知していた。

(2)　処分理由も全く不当なものである。「処分理由」として列挙された行為は、すべて、正当な行為である。なぜならば、……30番台解放闘争は……サークル活動保持のための正当な権利行使にすぎなかったからである。

これまで私たちが処分粉砕闘争で主張してきたことが、ここでも明確に述べられている。「罪刑法定主義」は当然のことであり、対面での事情聴取なしの処分も、正当な手続きからは逸脱している。また、「教育処分」と述べながら「退学処分」をするのは、教育の放棄であることもこの要望書の中で指摘されていた。

12月12日には、東北大学処分粉砕闘争と連帯するために、「京都大学同学会」から数人の仲間が到着した。早速、昼休みに「東北大学全C連・京都大学同学会連帯集会」がA、B講義棟前で開かれた。その後、文学部・教育学部有志主催で、京都大学の竹本処分についての資料を基にしたシンポジウムが開かれた。

ところで、このような他大学との連携は、決して新しい戦術ではない。東北大でも、過去に東北福祉大学と連携したりしている。かつての東大紛争でも、東大全共闘と日大全共闘が連携して戦った。安田講堂のバリケードをより強固な作りにしたのは日大全共闘の仲間であったこともよく知られている。かつて、1969年9月に「全国全共闘連合」が結成されたように、政府と大学当局が一体となった大学管理・弾圧体制には、他大学とも連携して戦わなくては展望が開けなくなってきていたのである。

翌日からは、「京都大学同学会」の数名の仲間と、実際に反動教官追及などで共闘した。これに対して、大学当局は、「他大学生を含めて授業妨害などを行った」などとしてさらなる警告を行ってきた。

12月15日からは、高橋富雄（日本史）、渡利千波（数学）、御園生善尚（数学）などの反動教官の授業で、処分についての討論要求が行われ、さらに多くの学生に、大学当局の矛盾が明らかにされていった。

この後、大学当局は、12月17日から19日にかけて学生の名指しの警告を連発した。そして、12月19日には「この『異常事態』の中では授業はできない」という理由で、この日の2講時以降から翌日20日までの授業を臨時休校とし、教養部をロックアウトして、半ば強制的に冬休みに入ることになった。

12月中旬の京都大学有志と連携した授業介入に続いて、冬休み明けの翌年1月には、52名の「京都大学教官有志」（代表　本山幸彦）による8・20処分の妥当性に関する質問書（後述、「その7」172～174頁）が送られてきた。その後、2月10日には、京都大学同学会、医学連、東北大学教養部自治会共催の「国公立私大学費値上げ阻止」「東北大政治処分粉砕」闘争などが行われた。

青ヘルと京都大学同学会

この頃から全C連の中で、運動のヘゲモニーをめぐって、大きな地殻変動があった。それまでは、1972年学費闘争から変わらない川内キャンパスのセクト構造として、青ヘル（反帝学評）が運動の中心を占めていた。9・10学生大会でとても印象的な演説を行ったS・E君は、反帝合評系全学連の副委員長であった。全国的なセクトとしては、どこの大学の自治会をいくつ握っているか、ということが対外的な宣伝になるはずであった。したがって、11・12臨時学生大会の臨時教養部自治会の委員長は、青ヘル系であった。その後も、教養部自治会に必ず委員長などのメンバーを送り込んでいた。ただし、「サークル協議会」や処分反対闘争を戦うノンセクト・ラディカルなどの大衆運動と表立って対立することはなかった。

そのような中で、文学部4年生で、「現代思想研究会」のS・A君が政治処分粉砕運動のコーディネーターになりつつあった。彼は、処分粉砕闘争に積極的に関わる中で、東北大学の闘いの高まりをバネにして全国の学生運動への弾みをつけようとしていた（「国公立私大学費値上げ阻止」「東北大学政治処分粉砕」に向けた全国総決起集会が2月9日に東京で行われた。2月10日には、東北大学で集会の後に、街頭デモが行われた）。すでに私たちの一部では、全国政治──青ヘルのように全国の学生運動を組織する──をしようとしているとも言われていた。とはいえ、実際は、全国の学生運動は、1969年の[6]「大管法」成立以降は、かなり下火となっていた。ところで、このサークル自体は、ブント系の流れをくんでいた。そこで、同じブント系の竹本処分を戦う京都大学同学会と連携し、東北大学の処分粉砕運動に新たな地平を持ち込むことになった。また、当時は就職していたE・N君をわざわざ大学に呼び寄せて、戦術の中心を担わせた。これ以降は、処分反対運動は、青ヘルではなく、S・A君を中心としたグループが実質的に担っていくことになった。ところで、S・A君は、とりわけて党派の論理を表立って振りかざすことはなく、大衆運動に貢献していた。それに、川内キャンパス──教養部・文系4学部がある──では、青ヘルの政治路線に真正面から衝突することは、処分粉砕闘争を危険にさらすことであり、微妙な政治的バランスが求められたのである。当時は、青ヘルとブント系の間には、内ゲバはなかった。しかし、どこが闘争のヘゲモニーを握るか、ということは重要な問題であった。
彼は、いつでもピリピリと神経を研ぎ澄ましていた。しかも、私たちには、これまで学生を中心とした処分粉砕闘争に、外部から社会人だった活動家を加えることには、少し抵抗感もあった。これについては、「濫觴同人」で、「文学部有志の会」の佐々木君は、次のように評していた。

「S・A君だけだと、きっとだれもついていかないよ。温厚なE・Nさんがバランスをとっているから、みんなうまくやっているんだ」

ところで、京都大学同学会からの戦術的な影響は次の3点が指摘できる。

① 反動教官に対しての授業介入を徹底したこと。ちなみに、京都大学同学会の仲間の一人が東北大で授業介入を行って、学内機動隊に強制的に排除された。そのときに、教室にいる学生全員に向かって「助けて、助けて」と大げさな身振りで、しかも大きな声で必死に叫ぶアピール性のある訴え方には、私たちも感心してしまった。誤

解を恐れずに言えば、やはり、関西人にしかできないような泥臭さがあるような気がしたものである。

② 今まで出された大学当局の「教養部報」などに、片っ端から注を付けて反論するというやり方を学んだ。おかげで資料が蓄積されるとともに、自分たちの理論武装をすることも学ぶことができた。

③ 政治処分を粉砕するためには、教養部だけではなく学部戦線を築くことの大切さをしっかりと再確認できた。京都大学同学会では、教養部――学部――大学院と連携した、継続性のある運動が展開されていた。そのため、教養部だけで運動が終わってしまうのではなく、各学部の評議員を追及してすることにより、問題が全学部に波及するという体制が構築されていた。実際のところ、東北大の１９７２年の学費闘争のように、教養部で約１５００人もの大量留年を出しても、学部戦線がないと運動全体が閉塞してしまうことになる。

虚偽と開き直りの12・29教養部報

12月29日付で、教養部教授会は、学生及び保護者全員に対して「東北大学教養部の現状について――学生および父兄各位」という文書を送付した。内容は、3月の大学入学試験が始まるまでに処分闘争の決着をつける。そして、いわゆる「過激派学生」の再度の処分も検討するというものであった。また、8・20政治処分に対しては、学部通則29条を引き合いに出して「本学の規則・命令に違反し、または学生の本分に反する行為」は、「懲戒の対象」となると処分理由を述べている。しかし、学生の将来に重大な影響を及ぼす懲戒処分については、「学生の本分」などという曖昧な処分理由はありえない。これは、大学側に処分権を白紙委任することである。大学側のきわめて恣意的な処分権の行使を容認することになる。したがって、どうでも解釈できるような理由でなく、罪刑法定主義に基づかなければならないことは明白である。学生に対する停学・退学などの処分は、学部細則などにあらかじめ記載されている規定によらなければならない。この点は、すでに東北大学学長などに対する「京都大学大学院生有志からの要望書」などでも指摘されていることである。

また、この「教養部報」では、11月16日のサークル部室捜索、12・11学生大会への機動隊導入など度重なる弾圧にもかかわらず、「警察力の要請にあたっても軽々しい態度をとったことはありません」などと事実に反することが述べられていた。実態としては、宮城県警との39項目の密約（後述、「その５」１４２〜１４８頁）によって、いつでも学内に機動隊を導入する体制となっていたのである。しかも、１９７５年６月23日からは、教養部教授会から全権を委任された教養部長とその側近による「拡大連絡会議」が、教授会に事前に諮らずに、迅速に決定をする弾圧体制を敷いていた。

最後に、この「教養部報」では、学生側の暴力行為について「暴力集団」とレッテルを貼って非難している。そして、大学当局は、「暴力を容認しないという厳しい方針」を取ってきたと主張している。これにより、あたかも大学側は、教官も事務員も暴力とは一切無縁であるかのごとく印象を与えている。しかし、実際は、「学内機動隊」と言われる教官や事務員によって、学生側も、殴られたり、暴力を振るわれていたのである。さて、ここで大学当局の暴力について考えてみたい。

暴力について

大学当局は、学生の暴力について「教養部報」などで、何度か批判してきた。そして、あたかも自分たちは、全く暴力を振るっていないかのような印象を、一般学生や保護者やマスコミなどの外部に与えてきた。しかし、実際は、どうであったのか。実は、学生側も、何度かの衝突や教室での追及や大学当局の団交中の教官の救出などの場面で、「学内機動隊」と言われる教官や事務職員からの物理的な暴力を受けていた。さらには、大学当局による何度もの機動隊の構内への導入によって、何名もの重傷者が出るなど、かなりの暴力を受けていた。さらには、学生は警察権力により逮捕・拘留されたりしている。これらの大学当局の警察・機動隊という国家権力を使った暴力は、いわゆる暴力と何ら変わりがないのではないだろうか。

これらの物理的な暴力以外にも、目に見えない暴力もある。まず、大学当局による8・20政治処分は、大学という処分権・単位認定権を持つ権力による暴力ではないのか。事前に対面での事実関係の確認を含む事情聴取もせず、「学生の本分」という非常に曖昧で、どのようにも解釈できる学則により処分するのは、明らかに罪刑法定主義に反している。

次に、言葉による暴力もある。御園生教官は、話し合いに来た女子学生に向かって「ブスとは話せない」などと言い放った。これは、女子学生の人格を全く無視した、性差別主義者による言葉の暴力そのものではないのか。実は、言葉による暴力問題については、私もある数学科の研究室に処分問題について話し合いに行ったときに、言われた言葉を鮮明に覚えている。私たちが部屋に入ったときに、とても印象的だったのはスチール製の本棚にほとんど本がなく、わずか２段ほどの本棚に『巨人の星』（梶原一騎原作、川崎のぼる画、講談社、１９６６～１９７１）と『ドカベン』（水島新司作、秋田書店、１９７２～１９８１）だけが置いてあったことである。そして、私たちがここに来た理由を述べると、次のように言い放ったのである。

「きみたちより『巨人の星』の星飛雄馬君の方がましだ」

この言葉を聞いて、これ以上話しても無駄だと悟って、私たちはすぐ研究室を出たのであった。かつて、あるフランス語の教官からは、「東北大学の数学科は、世界的に有名な教授もいてとても優秀だ」などと聞いていたが、とても信じられなかった。教育者としての立場で考えれば、これもまた学生に対する言葉の暴力であろう。

暴力には、目に見える暴力と見えない暴力がある。どちらも本質的には暴力といえるのではないだろうか。

さて、全C連の側にも暴力が全くなかったとはいえない。しかし、この場合、一方的な暴力ではなく、その場の状況による相互的な暴力であったことも多い。ところで、私たち「文学部有志の会」の活動家は、暴力を肯定的に考えたことはない。そして、私の周囲の教育学部・文学部有志の会グループの活動家が暴力を振るったのを目撃したことは一度もなかった。それは、学部戦線で教官と対峙したときに、このようなことは一度も起きなかったことからも証明できよう。

ところで、私たち「濫觴同人」は、6月には「部室のないサークル」の一つとして「30番台教室自主使用」に参加し、その後、9月の臨時学生大会前には「ハンガーストライキ」を行った。その間、処分粉砕闘争に本格的に突入してからは、同人誌の『濫觴』は、なかなか発行できず、ほとんど寅野君一人で第2号が発行された。私たち4人の活動は、最初は同人誌として始まった。しかし、この頃は、処分粉砕闘争にほとんどのエネルギーを注ぐことになり、各々が少しずつ別な道を歩き始めていた。佐々木君と私は、「文学部有志の会」を主に活動の場としていた。寅野君は、臨時教養部自治会執行部に立候補してからは、教育学部や他学部の活動家との連携を深めて、処分粉砕闘争を推し進めようとしていた。また、金森君は、「サークル協議会運営委員」となり、処分粉砕運動を支えた。ところで、私たちの考え方の共通点は、物理的な暴力を加えたり、新左翼セクトに入って処分粉砕運動を戦って勝利を目指すことはない、ということであった。

この頃は、授業介入は、いくつかのグループに分かれて行われた。ここで全般的に指揮をとっていたのは、京都大学同学会との連携を中心的に担ったS・A君であった。授業介入するときは、経済学部自治会の部屋のホワイトボードに、四つにグループ分けされ、配置が示されていた。確かに、責任者が一括してグループ分けや配置を行った方が効率的であった。しかし、四つのグループを、それぞれ「大地」「牙」「狼」「さそり」などと名付けていたのには、私にはかなり違和感があった。これは、当時の三菱重工など連続企業爆破事件（1974年8月〜1975年5月）の東アジア反日武装戦線のグループ名を、少しもじったものであった。S・A君の目には、彼が好きだという詩人のA・ランボーのような狂気が潜んでいるようにも見えた。実際のところ、私たちは、大学構内で爆弾闘争をしているわけではなく、教養部自治会を奪取するという正当なプロセスで、大学当局に処分撤回を求めようとしていたはずであった。

全C連については、自主的な個人や集団の集合体である。いつでも自分の責任で参加できるし、やめることもできる。確かに、フラクションなどでは、青ヘルがレジュメを作り、方針を提案したりすることも多かった。しかし、ゆるやかな集合体なので、その方針に反対であれば、実際に参加しなくても、だれからも責任を問われることはない。例えば、1975年9月1日の、処分に抗議してのA、B講義棟バリケード封鎖については、青へル以外の他の団体はほとんど参加していない。

大学当局は、「過激派」「暴力」というレッテルを「サークル協議会」などに貼り、学生を分断しようとしてきた。しかし、暴力を振るってきたのは、何も学生だけでない。大学当局の反動教官を中心とした「学内機動隊」も、また学生に暴力を振るってきたのである。

冬休み明け

1976年1月12日に、冬休みが明けた。学生も戻ってきて、連日のように授業での処分に対する討論会の要求が行われ、並行してデモ行進も行われた。この間に、大学当局は、「授業妨害」「器物破壊」などの理由を挙げて、名指しの警告を連発した。ちなみに、次の警告は、1月16日付の「教養部報　号外」に載ったものである。

1月14日（水）、1講時および2講時において、「禁止事項」に違反し、ヘルメットを着用したものを含む集団が授業妨害を行った。
さらに、12時頃からヘルメット・覆面を着用し、竹竿を所持した武装集団―学外者および構内立入り禁止者を含む100名―が構内をデモ行進した。その後、講義棟内に乱入し、授業妨害をおこなったうえ器物を損壊した。このような行為は絶対に許されない。ここに厳重に警告する。

この警告を読んでみると、「ヘルメット着用」「授業妨害」「器物損壊」と三つの行為について警告がなされているように読める。しかし、この三つの行為すべてを行った者を警告しているのか、このうちのどれか一つ、あるいは、この中のいくつかを行った者を警告しているのか非常に曖昧である。特に、大学当局の言う「器物損壊」に関しては、必ずしもはっきりと名前を確認せずに警告が出されていた。確かに、デモ隊は管理棟などの天井壁を長い竹竿などで突くこともあったのは事実である。しかし、それは、デモ隊列の1～2列ぐらいまでの隊列であって、その他大勢のデモの参加者は器物破損をすることはなかった。教官や事務員は、望遠カメラや8ミリカメラを使って、日常的に学生の監視や面割りを行っていたが、この点は非常にいい加減であった。

この頃、教養部では、すぐ面割れする可能性があり、全C連のデモ隊列は、文系学部の敷地にある経済学部ゼミ室などから教養部に出撃することも多かった。すると、デモが終了した頃を見計らって、教養部の3人グループを作った教官たちが、わざわざ学部まで見回りに来た。そして、デモに参加した学生の面割りを行っていた。その中には、モンテーニュの『エセー』の研究・翻訳で有名なフランス語の教官もいた。この教官は、大学の教員には珍しく、受講生の顔と名前を覚え、しかも、フランス語動詞の活用などを熱心に添削してくれた。そのせいか学生の評判もとてもよかった。しかし、いったん「学内機動隊」に組み入れられてしまって、面割り部隊の仕事をするとなると、果たしてモラリスト研究者としてのモラルはどうなのか、と問いかけたい思いであった。また、教養部には、シモーヌ・ヴェイユ研究を専門とするフランス語の教官もいた。私もこの教官の授業を取っていた。確かに学内機動隊としては姿を見なかった気もするが、そのかわりに処分に反対だという意見も聞いたことがなかった。現代では、スペイン内戦に義勇軍として参加した哲学者のシモーヌ・ヴェイユのように、学問と行動が一致できる思想家は、本当に少数派なのだと考えさせられた。

冬休み明けの学生大会と臨時教養部執行部の樹立

１月12日に冬休みが終わって、授業が再開された。同時に、反動教官に対する学生の授業介入も行われた。そして、５日後の１月17日には、教養部の授業が再び休講となり、大学当局により、ロックアウトされた。これは、20日まで３日間続いた。

１月21日に、８００人以上の学生の結集により有志学生大会が開催された。ここで文学部の寅野君を委員長とする教養部臨時執行部が樹立された。このときは、青ヘルは、11・12有志学生大会後に、臨時執行部委員長が民青の告訴により逮捕・拘留されたせいか、教養部執行委員長を立ててこなかった。この有志学生大会で、「１月27日～31日のストライキと政治処分粉砕・教養部長団交を求める決議」が行われた。これに対して、大学当局はすぐに対抗手段を取り、１月21日～24日、１月28日～２月５日までのＡＢＣ講義棟の不当なロックアウトを行ってきた。

学生がストライキをすると、大学当局が即座に大学をロックアウトするというのは、１９７２年学費闘争からの大学当局の常套手段でもあった。理由としては、二つ挙げられる。まず、ロックアウトすることにより一般学生を締め出して、紛争が拡大するのを防ぐためである。次に、大学当局としては、文部省から紛争大学というレッテルを貼られないようにするためである。「大学立法」などで大学への締め付けが厳しくなり、文部省から大学の管理責任を厳しく問われ、予算などの獲得に悪影響をもたらす可能性があったからである。

民青は、今回も有志学生大会の決議に対して、5日以内に破棄署名を集めようとしてきた。しかし、今回は、大学当局の1月21日から24日の再度のロックアウトもあって、有効となる教養部生の五分の一（約1000名）以上の署名を集めることができなかった。これにより有志学生大会の「1月27日～31日のストライキと政治処分粉砕・教養部長団交を求める決議」が有効になり、全C連系の臨時執行部が確立された。この有志学生大会の勝利の意義は、非常に大きかった。ここで大学当局と団交をしたり、交渉する正当な手段を手にしたからである。もはや、大学当局は、学生側との交渉をさまざまな口実をつけて回避したり、交渉の席から逃亡することができなくなったのである。一方で、この頃には、大学当局の再三のロックアウトや民青の処分賛成という姿勢は、すっかり一般学生から反発を受け、全くそっぽを向けられ始めていた。

学長団交

1月21日の臨時学生大会の決議によって、27日からストライキに突入するや、大学側は機動隊を導入し学生の弾圧を始めた。さらに、28日からは、逆に大学当局がＡＢＣ講義棟などをロックアウトをしてストライキを妨害した。これを受けて、学生側は、事態打開の話し合いのために、片平キャンパスの本部にいる学長に会いに行くことにした。学生側は、機動隊導入を最終的に決断したのは、学長の責任だと考えたのであった。しかし、実は、このときの機動隊導入は、高橋富雄教養部長と池田教養部事務長の独断によって、宮城県警に要請されたものであった。それまでは、大学自治の問題もあり、学長が大学構内への機動隊導入を最終的に判断していた。しかし、教養部における事態の切迫とともに、学長や全学評議会と高橋教養部長の間で何度か話し合いが持たれた。そして、教養部からの強い要請によって、これ以降は、教養部として機動的に事態に対応するために、教養部独自で機動隊導入を判断できるようになったのである（『東北大学百年史』、「東北大学教職員有志による『声明と質問書』」）。もはや教養部は、東北大学への機動隊導入に、全学的な同意を必要としなくなった。これは、これまで尊重されていた大学自治という観点からしても、大きな後退であった。これにより、学生の追及に対して「1月27日の機動隊導入は遺憾である」とか「教養部のとった措置に疑問がある」などの発言をする学部長も出てきた。とはいえ、たとえ教養部が主導して機動隊導入を行ったとしても、学長に最終的な責任があることは明白であった。

1月28日午後から29日朝にかけて加藤睦奥雄（生物）学長との19時間にわたる徹夜の話し合いが、片平の東北大学本部で行われた。

約50人の学生たちが、学部長室へ押しかけて学長に質問を浴びせた。当初、学長は、次のように答えていた。（『朝日新聞』『河北新報』１９７６年1月29日付）

「正式なルールにのっとった会見ではないから、会えない」

これに対して、学生は、質問の矛先を変える。

「それでは、正式なルールとは何か」

このあたりから加藤学長は沈黙に入った。学生たちの質問は、矢継ぎ早に続けられる。

「機動隊導入の責任はどこにあるのか」

「逮捕者まで出した事態をどう考えるんだ」

「警察に逮捕されている学友は、あんたが黙っている間だけ拘留が延びるんだよ。すぐ釈放するよう電話しろ」

ちなみに、加藤睦奥雄学長は、この場では、学生の質問に対してひたすら沈黙を続けていたが、１９７４年度4月の「教養部報」の学長挨拶では、次のように、学生との直接的な対話の重要性を述べていたのである。

「学問を推進するためには教師と学生の間には十分な意志の疎通がなければなりません。……私は諸君が教室において講義をきくだけにとどまらず、すすんで教師に直接的な接触を求められるのを期待します」

ところが、学生が加藤学長にデスクの電話の受話器を突き付けても、全く言葉を発しなかった。午前2時過ぎに医師が3度目の診察をした後、加藤学長は隣の会議室でちょっと休憩した。その後、学生たちは、29日午前8時までの休憩を宣言する。

翌朝、8時45分頃、竹本常松薬学部長が約60人の教官を引き連れて学長の救出に来た。そして、学生に退去を求めるとともに、9時30分過ぎには機動隊が導入された。学生たちは、機動隊が導入されるという情報をすでにレポ隊により把握しており、9時10分頃には学長を解放した。

この学長団交は、マスコミにも取り上げられ、世間的には非常にインパクトがあった。しかし、これ自体は、処分粉砕闘争全体から見ると、非常にシンボリックなものであった。というのも、当時は、学長には、教養部教授会に学生の処分の取り消しを命じたりするほど強大な権限はなかったし、過去にそのような慣例もなかった。したがって、学生の要求も「処分白紙撤回」ではなく、「機動隊導入の責任」を問うというものであった。
当時の学生のビラには、あまりこの学長団交にコメントしたものはない。学生の側では、すでに処分粉砕闘争は、4月の新入生歓迎会が終わって、5、6月が処分粉砕闘争の山場になるだろう、という共通の認識ができていた。つまり、教養部から学部に進学できる学生はそのまま上がって学部戦線を構築し、学部から処分粉砕運動を行うということである。4月以降は、実際に各学部の自治会を奪取して、各学部に3名いる評議員の処分に対する責任を追及し、各学部長団交をして、最終的に教養部教授会から、評議会に処分解除の提案をさせるという戦略であった。

注釈1〜6
1「狭山裁判闘争」　1963年、埼玉県狭山市で中田善枝さん(16歳)が誘拐され殺害された。犯人逮捕をあせった警察は、部落青年石川一雄（24歳）を別件逮捕し、自白を強要し犯人として逮捕した。脅迫状が物的証拠とされたが、筆跡鑑定などでも疑問が提出されている。冤罪として現在でも再審請求が行われている。
2「赤堀闘争」　1954年、静岡県島田市で幼稚園児佐野久子ちゃん（6歳）が誘拐され、殺された。「島田事件」と一般的には言われている。精神病院への入院歴があり、当時浮浪者だった赤堀政夫さんを犯人として別件逮捕した。その後、1960年に最高裁で上告棄却され、死刑判決が確定して、当時、宮城刑務所で服役していた。これは、司法による「精神障害者」差別に基づいた逮捕、判決だとして再審請求が行われていた。ようやく1986年に静岡地裁で再審が開始され、1989年に、最終的に無罪判決が確定した。

3 「学費値上げ反対闘争」国立大学学費を1976年度の96000円から、1980年までに、年額24万円に引き上げることが中教審答申として出された。政府は、国立大学でも、私大並みの学費と受益者負担の原則を導入した。

4 「革マル派」の正式名は、「日本革命的共産主義者同盟革命的マルクス主義派」(略称:革共同・革マル派)で、1963年に結成された。1970年代には、「中核派」「解放派」とともに新左翼主要党派の一つであった。「理論の革マル」とも言われた。当時は、「中核派」や「解放派」と何度も内ゲバ抗争を行っていた。

5 「京都大学同学会」は、1946年に創立された全員加盟制の学生自治会である。1972年には、民青系自治会をリコールして、非民青系自治会が樹立された。1973年2月の経済学部助手竹本処分に対して抗議活動を行い、1976年12月には、総長団交を行い、翌年6月には、ストライキを行って戦った。(京都大学同学会HP)

6 「ブント」(「共産主義者同盟」)は、1958年12月に日本共産党に批判的な学生組織によって結成された。60年安保闘争の高揚を支えた。その後は、分裂と解体を繰り返した。

その5　後期試験と機動隊常駐

１９７６年２月１３日

この仙台の冬の凍るような寒い日に、東北大学教養部では、後期試験が行われていた。当初の予定では、２月６日から始まるはずであったが、試験当日に、処分に反対する学生によるＡＢＣ講義棟バリケード封鎖などがあり、大学当局の判断で１週間延期された。この当時は、前期と後期の年２回の定期試験が実施されていた。

ただし、今回は、様相がかなり違っていた。機動隊常駐の中での後期試験強行である。かなりこわばった顔つきの高橋富雄教養部長は、他の教職員やシンパの反動教官に周囲を取り囲まれながら、ハンドマイクを片手に次のように学生に向かって叫んでいた。

「立ち止まってはいけない。ビラを拾って読んではいけない。数人で集まってはいけない」

大学当局は、前日（2月12日）の深夜、急遽、突貫工事で鉄門を作り、至る所に鉄条網を張りめぐらした。そして、早朝から機動隊が配備され、カメラ、無線機を下げた私服警官が学内を徘徊していた。大学当局は、学生が自由に学内に出入りするのを禁じ、検問体制を敷いたのである。そして、学生証などを提示しないと大学構内に入れないようになっていた。これは、教養部教授会も開かず、他の教官には一切知らせずに、高橋教養部長と池田事務局長の独断で行われた。

午前8時半には、学生がかなり集まり始め、抗議をしたり、ビラをまいたり、抗議のために座り込んだり、デモをする学生も増えてきた。

9時半には、鉄条網の外の教養部と東北大学図書館を隔てる道路で、ジグザグデモをする全C連系の数十名の学生とカマボコ（機動隊の逮捕者を輸送する車）を用意して対峙する機動隊との間で、ちょっとした小競り合いになった。

ちなみに、東北大学図書館は、所蔵する膨大な蔵書数と夏目漱石のすべての蔵書が収容されているので有名である。夏目漱石の高弟で東北大学に赴任していた小宮豊隆[1]（ドイツ語）や阿部次郎[2]（美学）が、第二次世界大戦中に、アメリカ軍の空襲などによって漱石の蔵書が散逸するのを恐れて東北に疎開させ、その後、東北大学が購入したものであった。

学生側は、図書館の敷地に入ったりしながら道路上でジグザグデモをしていた。このとき、何人かの学生に対して、数名の反動教官が「あれとあれ。あのジャンパーの学生」などと指名した。反動教官から中心的なメンバーだと目されていた学生であった。すると、2、3人の機動隊員が教官の指さす方向に素早く移動する。たちまち3名の学生が抵抗する間もなく、次々とデモ隊から引き抜かれ、そのままカマボコに連れていかれた。このときの逮捕の名目は「不退去罪」であった。

正午頃、不当逮捕に怒った大勢の学生が続々と検問を取り囲み、ついに検問を突破した。その直後、宮城県警の放水車や警備車など5台が構内に入り、さらに学生の逮捕が続いた。高橋富雄教養部長の取り巻きの反動教官たちは、官憲に逮捕させる学生をさらに指名した。

それに応えて、機動隊の指揮官は、「排除せよ！　全員逮捕せよ！」と号令し、さらに学生を逮捕させた。その間、私服警官は学生の顔写真を撮りまくっていた。この過程で、さらに8名の学生が不当逮捕され、負傷者も続出し、学生の怒りに油を注ぐことになった。そして、学内では、一日中、抗議のデモが機動隊にひるむことなく行われた。

この日の最後の試験が終わるころには、教養部文系教官棟の前で、普段はデモに参加することのない大勢の一般学生も参加して、この日を締めくくる抗議集会が開かれていた。そして、この日の学生弾圧という仕事を終えて、文系教官棟に戻ろうとする高橋富雄教養部長は、自分でハンドマイクを握り、抗議する学生に警告を発し、教職員と警備員にもみくちゃにされながら大勢の抗議する学生と対峙していた。その表情は、相変わらず北国の冬空のように陰鬱で、しかも無表情であった。機動隊を導入して後期試験を強行したことを反省する様子は、全く見られなかった。

夕方には、処分に反対する学生たちは、今日の運動の成果を確認し、これからの闘争方針を確認するフラクションを、教養部から道路一つを隔てた文系学部の敷地に移動して開いた。その後、昼間に宮城県警に逮捕された十数名の学生の救援闘争を行うことになった。学生たちは、三々五々に歩いて、川内キャンパスから15分ほどして、本町にある宮城県警本部に到着した。私たちは、この建物の裏側の道路に回り込み、逮捕された仲間に聞こえるようにシュプレヒコールを上げた。

「シュプレヒコール！　シュプレヒコール！　われわれは、８・20政治処分を粉砕するまで最後まで闘うぞ！　闘うぞ！」

この頃に、トイレや厚生会館の壁など至る所に、ゲリラ的に次のような狂歌が貼られていた。これには、大学当局の機動隊導入での後期試験強行に対する多くの学生の反発する思いが非常にうまく表現されていた。

「川内に試験を受けに来れども丸木橋では渡りたくなし」

これには学生運動などに関わる隠語も入っているので、わかりやすく解説する。「川内」は、教養部のある川内キャンパスのことである。「丸木橋」というのは、掛け言葉である。当時の学生は、警察の「機動隊」のことを隠語で㋖（まるき）と呼んでいた。また、文・教・法・経学部から付属図書館を通り過ぎて、道路一つ隔てた教養部の敷地に来るときは、小さな橋（実は、木製ではなく石橋）がかかっていた。この狂歌の作者は、生協などのアルバイトでも活躍していたG・O君であったことが後に判明した。彼は、その後、大学に残って文学部の教授となった。

宮城県警との39項目の密約について

なぜ、「東北大学当局――警察」が密接に連携して、学生弾圧をすることが可能になったのか。これについて過去の歴史を見ながら考えてみたい。

東北大には、すでに述べたように１９６５年以降は、約3年ごとに高揚した学生運動があった（１９６５年「宮城教育大学分離反対闘争」、１９６９年「大学立法粉砕闘争」、１９７２年「学費闘争」）。その過程の中で、大学当局によって何度か機動隊導入が検討された。しかし、その度に、大学の自治を守ろうとする多くの教官の慎重な姿勢によって、１９６９年の「大学立法闘争」の途中までは、大学構内への機動隊導入は引き留められてきた。

１９６９年5月24日に、全国的な学生運動の高まりを抑えるために「大管法[3]」が通常国会に提出された。東北大では、6月5日には、「大管法」に反対する全共闘系の学生によって教養部管理等封鎖が行われた。そして、全学院生協議会による実力での封鎖解除が行われ、二百数十名もの負傷者が出た。これを受けて、次のような学長告示が行われた。

一　封鎖は絶対に容認しない。
二　人命尊重を第一に考え、生命身体の危険を伴うような実力行使は行うべきでない。
三　全学の意志を統一して、事態の解決に当たる。

このいわゆる「3原則」は、機動隊導入などによる実力行使はとりあえず行わず、全学的に意思を統一して危機を乗り切ろうとするものであった。大学の自治を守り、学生との話し合いの余地を残すものでもあった。「『封鎖学生』に対する『可能な限りさまざまの説得』を続けることの必要性」が確認されていた。同時に、補導協議会では、生命、身体の危険を伴うときには機動隊を導入することも検討されていた。この間、教養部教授会は、機動隊導入も含めて、評議会に早期の解決を求めていた。

その後、「大管法」は、8月3日には、強行採決によって国会で成立し、8月17日に施行された。

10月10日の全共闘統一行動では、仙台市内でデモが行われ、機動隊と衝突し、車両を転覆させ、火を放って、道路のバリケード封鎖が行われた。また、10月18日、19日にも、全共闘系学生による青葉山道路のバリケード封鎖が行われた。この頃から、大学当局の方針に急な変化が見られるようになる。そして、全学的に機動隊導入を是認する方向性となって、11月23日に機動隊によるバリケード封鎖解除が行われた。

これに先立つ11月初旬には、宮城県警と大学当局との間に、学生運動を弾圧する目的で39項目にわたる密約が結ばれた。すでに、8月に「大管法」が国会で成立していた。これにより、大学側は事態の速やかな収束を迫られていた。この状況を利用して、宮城県警は、大学側に密接な協力体制を迫ってきていた。そして、宮城県警は、まだマスコミや社会に根強く残っている、警察権力による大学自治の侵害という批判を一気に封じ込めようとしていた。

では、次に39項目の密約の主なものを挙げてみる。ただし、『東北大学百年史』によれば、大学当局からの要請で、1項目は削除されており、実際は、38項目になったということである。しかし、学生側のビラでは、ほとんど「39項目密約」という名称で出てくるので、ここではこれを踏襲することにしたい。なお、この密約は、何者かがすぐに片平キャンパスの掲示板に貼って、公開された（『東北大学100年史』）。次のものは、「39項目密約」の抜粋である。

Ⅰ　事前事項

② 封鎖建物付近の建物図面（道路の幅、電気、ガス、水道の元栓のついているもの）を提出せよ。

⑩ 封鎖内の学生数、派閥、首謀者の氏名、住所、学部、学生写真を提出せよ。

⑪ 封鎖学生に同調する勢力、封鎖解除に反対する組織、動員力、派閥、外からの指導援助の実態をできる限り調査連絡する。

Ⅱ　出勤時事項

① 対策本部を設置。関係学部長を学長代行として現場に派遣せられたい。

② 機動隊の活動開始以前に学長名の退去要求を呼びかける。

⑤ 腕章をつけた教職員多数により検問する。

Ⅲ　事後事項

⑤　ヘルメット、覆面スタイルの学内立ち入り、凶器の搬入を禁止し、これを着用携帯した者の集会、デモを禁止。

⑧　学内の封鎖をした者を告訴、告発されたし。

⑩　生命身体の危険及び個人の財産に対する重大な侵害、平常の運営に対する妨害（授業妨害、封鎖、占拠、運行、軟禁）などが起きた場合は、速やかに機動隊を要請する。

⑫　機動隊の学内立入りや残留について一般学生が無用の紛争をおこさぬよう指導せよ。

⑬　今後とも学内の自主警備、学生の動向について、警察と緊密な連絡をとられたし。

ここで、注目すべき点を3点ほど挙げてみる。

まず、「1　事前事項　⑩」である。「（バリケード）封鎖内の学生数、派閥、首謀者の氏名、住所、学部、学生写真を提出せよ」とある。1975年6月23日の「30番台自主使用」では、これにより面割りされた学生の写真や住所まで警察に把握されたのである。反動教官を中心とする学内機動隊や事務職員は、絶えず8ミリカメラと望遠レンズで写真を撮って警察に提供していた。また、一時期は、「サークル協議会」から「サークル活動専門委員会」に提出された部員の名簿が、大学当局から警察に提出されていた。ただし、これについては「サークル協議会」が、途中から大学側に提出しない方針をとった。

次に、「Ⅱ　出勤時事項　①　⑤」である。関係学部長が学長代行として現場に派遣され、腕章をつけた教職員が検問することになっている。警察としては、大学の自治を侵害したという口実を与えずに、学生を弾圧しようとする意図は明白である。しかも、多数の教職員が動員されることにより、すべての教職員は、反動体制に組み込まれ、否応なく学生弾圧の共犯者にさせられる。

最後に、「Ⅲ　事後事項　⑧」にある学生の告訴は、その後、反動教官が学生を容易に弾圧する手段として何度も使われることになる。この密約が結ばれてから3年後の1972年の学費闘争では、菅野喜八郎教官によって、教官追及やちょっとしたもみ合いが「監禁罪」や「暴行・傷害罪」としてでっち上げられ、3名の学生が告訴された。また、1976年の千葉闘争（後述、「その7」197~200頁）で、反動的な数学科教官を追及したとき、5人の学生が「暴行」「傷害」「共謀共同正犯」などの罪で起訴された。教官自らは直接に手を下さずに、裁判所と結託して、司直の手によって学生を弾圧しようとするのであった。学生には、高額な裁判費用も払えないし、教官という社会的な地位は、裁判官の心証をよくするにはきわめて特権的な立場にあった。ちなみに、これを十分承知しつつ、1975年の8・20政治処分後の9月2日の団交で、大橋厚生補導部長は、「処分について文句があるなら、裁判所に訴えてみなさい」などと言い放ったのである。大学という学びの場での、教育者としてのモラルと使命が地に落ちた典型的な例だといえるだろう。東北大学は、これまで「研究第一」をモットーにしてきたが、だれのために研究するのか、社会において大学は何のためにあるのか、という根本的な問いに答えられないほど、一部の教官のモラルは堕落してしまったのである。これは、高等教育機関としての使命の放棄であろう。

後期試験から3・25卒業式まで

機動隊常駐、教官による警備や見回りという中で、2月13日から19日まで、日曜日もなく後期試験が強行された。この間も、連日、学生による抗議行動は続けられた。しかし、学生側は、今回は1972年の学費闘争のときに、教養部で約1500名の留年を出し、その後、運動自体が沈滞してしまった経験を少しでも生かそうとしていた。また、「京都大学同学会」の教養部——学部——大学院を貫いての闘争という考え方を踏襲しようとしていた。したがって、各学部に進級できる学生は、学部で戦線を構築することになっていた。私たちは、本当の決戦は5、6月頃になるだろう、と見通しを立てていた。そこで、私も、文学部に進級する単位は十分に取得できる見通しだったので、他の仲間とともに学部に上がることになった。ただし、私は、どの科目も試験勉強はちゃんとしたものの、いくつかの単位は、機動隊常駐での後期試験に抗議するために、試験をボイコットすることにした。このとき、後期試験考査をボイコットした学生の割合は、教養部全体で約10パーセント（500人）であった。この中には、機動隊導入による後期試験の強行などに抗議して、試験をボイコットした一般学生も含まれている。また、このまま継続して教養部で処分粉砕闘争を中心的に担うために、自主的に留年を決めた学生も多くいた。一方で、私たちのように学部戦線を構築するために、戦略的に学部に進級したものもいる。仲間の中で、学部に進級するものと教養部に残るものを決めるのは、非常に難しい選択であった。当然のことながら、学費の1年分の余計な支払いなどの身近な経済的な問題もあったし、また保護者の理解を得るのも簡単ではなかった。

1972年の学費値上げ反対闘争では、試験ボイコット率は約60パーセント（3000人）だったので、今回の6倍の規模で行われた。しかし、約2500人の2年生のうち1500

人が、大量留年して抗議したにもかかわらず、夏休み中の8月に、3名退学、2名無期停学の政治処分が行われた。教養部を中心にして戦われた学費闘争は、学部に飛び火することなく、敗北した。これを教訓にして、今回は、学部での戦いを構築するために、戦略的に学部に進級することが方針として提起された。したがって、私たちは、ここではボイコットの割合を気にする必要はなかった。

2月19日に後期試験が終わると、3月3~5日の大学入試が控えていた。大学当局は、当然ながら、大学入試が妨害されることを非常に警戒しており、学生側の闘争方針をいろいろなルートで必死に探ろうとしていた。しかし、臨時教養部自治会執行部はよほどの事態が起こらない限り、大学入試粉砕方針は取らないつもりであった。あくまで処分白紙撤回が目的なのであり、社会的にも厳しい非難を受けることになる大学入試粉砕は、この状況ではとりわけ意味があるとは思えなかったのである。

3月25日には、東北大学記念講堂で卒業式が行われた。卒業生は、1972年の学費闘争で約1500人の大量留年を出した激動の時代をくぐりぬけてきた。さて、卒業式は、午前11時に始まり、加藤睦奥雄学長により、まさしく卒業証書授与が行われようとしていた。

そのとき、この間、処分粉砕闘争を担ってきた約40名の学生が壇上に上がって、加藤学長に「処分問題を棚上げにしての卒業式強行は許せない」と詰め寄った。すると、学長はすぐさまその場にいた教官たちに守られ、ただちに卒業式場から逃亡してしまった。そして、この混乱で学長告辞が取りやめになったので、学長代理によって、その後の式が簡素に行われた。また、一部の卒業生が、「処分粉砕」と講堂の壁に赤のスプレーペンキで書いた学生をとりおさえようとしたため、救出しようとした学生と殴るけるの乱闘になった（『朝日新聞』１９７６年3月26日付）。

この卒業式での抗議行動については、私たち文学部有志は、ほとんど知らなかった。これについては、全C連のフラクションでも方針が提案されてはいなかった。したがって、全C連の先鋭的な部分による抗議活動だった。また、当時、全C連などの主催団体を明らかにする学生のビラは、残っていない。この理由としては、まず、春休みで学生がいないので一般学生に情宣しても意味はないということであった。もう一つの理由としては、これが全国紙の記事にもなっており、フレームアップ（事件などをでっちあげて弾圧すること）などにより、主催団体やその代表者が大学当局により、すぐにでも告訴される可能性もあったからである。ちなみに、1月28日の片平キャンパスの学長室占拠についても、学生主催団体からのビラはあまり出ておらず、同じような危険性があったからだと思われる。

注釈1〜3

1　小宮豊隆（1884〜1966）1925〜1946年　東北帝国大学法文学部教授、独文学者

2　阿部次郎（1883〜1959）1923〜1945年　東北帝国大学法文学部教授、美学者

3　「大管法」（「大学の運営に関する臨時措置法」「大学立法」）

ここでは四つ注目する条文を引用し、その後問題点を四つ指摘しておきたい。

（学長などの責務）

第四条　国立大学の学長は、当該大学において大学紛争が生じたときは、直ちに文部大臣にその旨及び当該大学紛争の状況を報告しなければならない。

2　文部大臣は、前項の国立大学の学長に対し、当該大学の大学紛争の状況並びに当該大学紛争の収拾及び当該大学の運営の改善のため講じた措置及び講じようとする措置について、必要に応じ、報告を求めることができる。

（文部大臣の勧告）

第五条　文部大臣は、大学紛争が生じている国立大学（以下「紛争大学」という。）

の学長に対し、当該大学紛争の収拾及び当該大学の運営の改善のため講ずべき措置について、臨時大学問題審議会にはかり、必要な勧告をすることができる。

（運営機関等の特例）

第六条　紛争大学において、その大学紛争の収拾及び大学の運営の改善に関する措置を迅速かつ適切に決定し及び執行するため必要があると認められるときは、学長は、評議会（これを置かない大学にあつては、教授会。次項において同じ。）にはかり、次の措置をとることができる。

一　次に掲げる機関を設けること。

イ　副学長その他これに準ずる学長を補佐する機関

ロ　大学紛争の収拾及び大学の運営の改善に関する事項について審議する機関

ハ　大学の運営に関する事項を管理し及び執行する機関

（教育等の休止及び停止）

第七条　紛争大学の学長は、大学紛争を収拾するため必要があると認めるときは、大学紛争が生じている学部、教養部、大学院研究科その他の部局又は組織（以下「学部等」という。）における教育及び研究に関する機能の全部又は一部を、六月以内の期間、休止することができる。この場合において、やむを得ない事情があるときは、その期間を三月以内において延長することができる。

ここでは、次のような四つの問題点を指摘しておきたい。

第四条によって、学長は、大学紛争が起こったときには、直ちに文部大臣に報告する義務がある。また、文部大臣には、大学紛争の状況について、報告を求める権限があることが定められている。これにより、大学当局は、文部大臣の情報管理下に置かれ、文部省の大学への介入を恐れることになる。

第五条によって、文部大臣は、事態の収拾や改善のために必要な勧告ができる。これは、大学紛争解決のために、早急な機動隊の導入などを求められたり、大学予算の削減などの可能性もあった。

第六条1ハによって、東北大学でも「対策委員会」(1972年)「拡大連絡会議」(1975年)などの教養部教授会を形骸化する学生弾圧のための組織が作られた。

第七条によって、全国の大学は、3か月以上経過しても収拾困難な場合は、大学・学部・学科などの機能停止・改組・廃止などの強硬な措置が取られる可能性があった。大学当局は、これを恐れて、機動隊導入によるバリケード解除などの積極的な紛争収拾に乗り出した。

この法律は時限立法であり、5年以内に廃止されるはずであった。しかし、実際にこの法律が廃止されたのは、2001年であった。ただし、大学側の雪崩を打ったような自主規制路線により、この法律が実際に適用されたことは一度もなかった。また、1968年には116校あった紛争校も、この法律の施行された1970年以降には、次第に減少していき、1980年代以降になると、いわゆる大学紛争は全国でほとんど見られなくなった。

その6　学部での戦い

まず、私が進級した4月からの文学部を中心とした学部戦線を見てみよう。その後で、教養部を中心にした、最終的に処分解除に至る一連の動きを見てみたい。

4月からの学部戦線は、まず、文学部3人の評議員を追及することから始まった。大学の最終的な意思決定機関である全学評議会（通称「評議会」）には、文学部などの各学部を代表して3名の評議員が出席することになっている。とはいえ、各評議員はいろいろ口実をつけて、処分に反対する学生に会わないように画策した。しかし、学生は、このような妨害にひるむことなく、文学部の3人の各評議員の研究室を訪問して、処分に賛成した責任を次のように追及していった。まず、吉岡昭彦評議員（西洋史）である。

「評議員である先生と、処分についてお話ししたいのですが、処分についてはどう考えていますか」
「処分に関して、評議員としての責任はある。しかし、私のところへ来るのは、すじ違いだ」

次いで、安倍淳吉（心理学）評議員である。

「処分について、学生と話す気はない」
「被処分者の中に文学部生は何人いたか、そして、名前は知っていますか」
「……」

安倍評議員はこの質問に答えられず、しばらく沈黙したままであった。実は、被処分者の中に無期停学処分を含めて3人の文学部生がいたのである。

最後に、金谷治文学部長（中国哲学）である。なお、文学部長は評議員も兼ねていた。4月当初は「また来てくださいよ。今はだめです」などと言って逃げていたが、何度も研究室に訪ねてくる学生に会わざるを得なくなっていた。学生が、6階にある研究室で金谷文学部長に質問する。

「今回の処分は、教育処分か政治処分か……」
「教育処分であると思う」
「教育処分の根拠は何か」
「……」
「処分の手続きは、慣例通りなのか」
「具体的な事実は異なっても、原則的に慣例にしたがったものである」
「処分理由に、事実誤認はなかったか」
「当該学部である教養部がよく調べたことであるから、それを信用した」

そこで、学生側は処分理由の過ちに関して、具体的にいくつかの事実誤認を指摘した。そして、金谷文学部長に、対応の仕方を次のように問いつめた。

「これに対していかに思うか、そしていかに責任を取るのか」

「もし事実ならば、何らかの処置をとる必要がある」

「では、あなたはそのことを調べますか」

「そのことについては、今は約束できない」

「いったい処分については、どう思っているのですか」

「処分については、異論はない。それに、『学生会』以外の団体とは会わない慣例になっている」


文学部3人の評議員の言うところの「『学生会』以外の団体とは会わない」という言い訳は、どの学部の評議員も使う、責任逃れのための常套手段の口実であった。私たちは、この状況を打破するために「学生会」として正式な交渉団体となって、文学部当局の逃げ口上を封じる必要性があった。そのため、すでに文学部臨時学生大会開催のための署名を集め始めていた。

比較的短期間に、文学部の臨時学生大会を開催するという署名が集まり、5月20日に文学部学生大会が開催されることになった。当時、文学部自治会（正式名称「文学部中央常任委員会」、通称「中常委」）の執行部は、処分賛成派の民青系が握っていた。当時の文学部自治会執行部は、この臨時学生大会の開催が決まっても、民青系だった教養部自治会と同じように、大学当局に対して、当日の授業の休講措置を申し入れようとしなかった。

この臨時学生大会には、文学部生約３００名の中から１２０名以上が結集した。文学部学生会規約では、全会員の三分の一以上（約１００名）で学生大会が成立する。ここ数年ぶりで文学部学生大会が成立し、処分問題に関する関心の高まりが示された。民青系自治会執行部（「文学部中央常任委員会」）と私たちの「処分に反対する文学部生の会」がそれぞれ議案書を説明し、採決に入った。

文学部自治会（中央常任委員会）案	47
「処分に反対する文学部生の会」案	66（委任状12）
保留	18

次いで、学生会規約20条（学生大会に関わる条文）の改正案を提案した。この条文の末尾に、教養部の自治会規約と同じように「但し、学生大会成立の場合、その場で臨時中央常

任委員を選出することができる」と付け加える提案であった。これが可決され、この学生大会での臨時中常委の選出が可能になった。

臨時中央委員選出

信任	69（委任状18）
不信任	48
保留	13

これにより佐々木（西洋史3年）委員長、そして私を含む5人の臨時中央常任委員が選出されて、文学部長団交を行う体制が構築された。

これと並行して、すでに5月7日には、教育学部でも処分粉砕を叫ぶ臨時執行部が樹立されていた。また、文学部と同日の5月20日には、教養部でも、処分に反対する臨時執行部が樹立された。これらによって、ようやく教養部と連携した学部戦線が少しずつ整いつつあった。ただし、経済学部では、民青系経済学部自治会からへゲモニーを奪回することができなかった。とはいえ、処分に反対する「E（経済学部）連絡会議」が中心的に運動を担っており、この学生団体を通して処分問題に対処することになった。しかも、経済学部教授会は、他学部のように、自治会ではない学生団体との対話を排除したり、一方的に拒否することはなかった。これにより、処分反対に向けて文系3学部の共通した方向性が明らかになっていった。

文学部臨時自治会（「文学部臨時中常任委」）は、5月22日12時30分から、「学生委員」に文学部長団交を申し込んだ。「学生委員」は、文学部教官側の学生に対する交渉窓口で、当時は、渡邉信夫（日本史）、鎌田博夫（フランス文学）、磯田熙文（インド哲学）、鈴木善三（英文学）の4人の教官からなっていた。私たちは、文学部自治会の執行部である「中常委」と処分に反対する学生が結集してこの交渉に臨んだ。しかし、まず、「学生委員」側は、この予備折衝に同席していた文学部大学院生の退去を命じ、次に、「処分に反対する文学部生の会」をはずし、文学部「臨時中常委」とだけにするように要求してきた。

「代表者がみんなの意見を反映しているはずだから、代表だけで十分だ。代表だけの方がスムーズにいく」

これに対して、学生側は、次のように反論した。

「代表者だけがその場に立ち会うならば、それは、『ボス交』であって、代表者の腐敗・堕落をチェックしたり、是正できない。また、文学部の他の学生会員は、代表者に全権委任した形となり、代行主義に陥る」

この反論で、「学生委員」側の「代表者で間に合う」という主張は退けられた。ここでの「ボス交」は、「ボス交渉」の略語であり、大衆のいないところで、学生会執行部などのボスだけで物事を決めることである。これまで民青系の前「中常委」がすっかり御用自治会化し、自治会運動が低迷していったのは、この「代表者で間に合う」という論理にあったのである。本来、自治会運動は、自治会員の一人一人が主体的に関わることが必要だったはずである。この執行部による代行主義により、「中常委」は文学部当局にすっかりからめとられて、自主規制路線になり、多くの学生は、無関心へと埋もれてしまった。しかし、私たち「臨時中常委」の方針は、これまでのすっかり形骸化された自治会運動を否定するものであった。単位や卒論を認定する権限を持つ教官に対して、自分の言葉を発していくのがこの場であった。

学生側は「学生委員」に対して、5月27日及び6月4日の2回の文学部長団交の要求書を提出した。また、「代表者とだけ会う」という慣例を改め、次の2点について検討する臨時教授会を開催することを要求した。

① 大衆団交とするためのオブザーバーの参加・発言を認めること
② 休講措置をとること

しかし、これを「学生委員」から伝えられた金谷文学部長は、臨時教授会を開催することを拒否した。これにより、5月27日に予定していた文学部長団交は、延期されることになった。

その間にも、「学生委員」という正規のルートを通さずに、金谷文学部長と学生側との話し合いは非公式に続いていた。この中で学生側は、次のように文学部長を追及していった。

「処分を下した評議員としての責任はどう思っているのか」

「教養部教授会の報告を信用したが、責任はある」

「処分理由に事実誤認はなかったのですか」

「当該学部である教養部がよく調べたことであるから、それについては信用した。しかし、もし事実誤認があるならば、何らかの処置をとる必要がある」

「では、あなたはそのことを調べますか」

「そのことについて、今は約束できない」

「ところで、佐川確約には、『恒久サークル棟実現に向けて努力する』とあるが、実際に聞いたか」

「記憶にございません」

「当時の評議会の議事録などの資料を使用して、恒久サークル棟の建設について、評議会の議題にAランクでかけられたかどうか調べてみることはできますか」

「評議会の議事録は公表できない。教養部教授会に聞いてくれ」

「教養部の教官は、文部省に概算請求を行っているかどうかわからない、と言っていますよ。これでは、『予算獲得に努力してきた』という教授会の言葉が具体的に何を意味しているのかわかりません。それに、金谷先生は、全学予算委員会のメンバーですよね」
「私は、疲れた。帰ってくれないか」

1回目の文学部長団交

6月2日（水）に「学生委員」との最終的な折衝が行われ、6月9日に文学部長団交が行われることが決まった。翌日には、この提案などを検討する定期の文学部教授会が開かれた。ここで、8・20処分に反対する学生側は、この教授会で文学部長の大衆団交が拒否される場合に備えて、2F会議室で行われた教授会に圧力をかけるために結集した。とはいえ、文学部当局との折衝では、教官と学生との間の小競り合いなどは全くなかった。さて、午後5時30分頃に教授会が終わったとき、学生側は、「教授会の結果を知らせてください」と詰め寄ったが、「いやだめだ。2日後の金曜日に話す」と拒否された。「学生委員」は、学生側との折衝の内容が教授会で否決された場合に、学生から再び追及されることを警戒していた。

6月8日に、翌日9日に行われる文学部長団交のための予備交渉が、「学生委員」との間で行われた。文学部当局は、私たちとの予備折衝を、単に教授会で決定したことを学生側に報告する場として考えていたために、非常な混乱を招くことになった。予備折衝は20時間にも及び、9日1時から始まるはずの文学部長団交は大幅に遅れることになった。その間に、9日午前11時には、休息を名目に席を立った1人の「学生委員」がそのまま逃亡してしまった。結局、2時間近く遅れて午後2時40分から学部長団交が始まることになった。

これに先立って、「学生委員」は、団交の際に学生の参加者の名前を言うように要求してきた。しかし、私たちは、団交の場で意見を言うのに名前は全く必要ないと判断していた。そして、もし要求されたら、名前を明らかにすることを拒否する方針を確認した。この団交の場で、金谷文学部長は、次の2点について回答した。

① 8・20処分に対して、文学部教授会に責任はない。その責任は、教養部教授会と評議会にある。

② その後の機動隊の暴行、十数名の学生の逮捕のような事態は遺憾である。しかし、それに対して文学部の責任はない。

4時過ぎからは、この2点に絞って討論を進めた。そして学生側は、文学部長に次の二つの要求を突きつけた。

① 全学評議会への団体交渉斡旋書に対する署名
② 後期試験の文学部教官の検問体制参加への自己批判

①については、具体的には、教養部、文学部、教育学部、歯学部の自治会と学長や評議会が8・20政治処分問題について団体交渉をすることを文学部として斡旋するということである。「団体交渉斡旋書」は、次のような内容であった。

「8・20政治処分に関し、責任があるのは教養部教授会と全学評議会であると考えるので、文学部学生会に、全学評議会との団体交渉を斡旋します」

これについては、金谷文学部長は、拒否をした。

②については、文学部でも教養部に教官を派遣して、機動隊常駐下での後期試験強行に協力体制をとったことに対しての責任追及であった。これについては、学生から鋭く追及されて「文学部として責任があり、多くの負傷者・逮捕者が出るという不測の事態は、遺憾であった」と自らの責任を認めざるを得なくなった。これ以降も学生からの追及が続いた。

6時半頃、金谷文学部長は、「もうダメだ」と手を振り、上等のソファーで1時間余り休息をとった。すると、そのままドクターストップがかかり、救急車に乗って逃亡してしまった。その後、学生側からは、学部長代行の出席、あるいは、後日の文学部長団交が提案された。しかし、文学部当局は、これを拒否し、しばらく混乱が続いた。これは、文学部当局が金谷学部長の生命を楯にとり団交を終了させ、さらに、すべての責任を金谷学部長に負わせようとする無責任体制そのものであった。「学生委員」を中心とする文学部当局との交渉は、深夜まで及ぶこととなった。そして、最終的に次の2点の回答を得た。

① 6月15日の評議会で、処分問題に関して質問という形で発議をする。

②　再度の団交を6月16日に行い、前述の2点に関して何らかの回答を出す。

結局は、当局の都合により、2日遅れの6月18日に2回目の文学部長団交が行われた。しかし、金谷学部長は、相変わらず、処分に関しての文学部長としての責任を認めようとはしなかった。その後、3回目の文学部長団交が行われることになった。

文学部長の動揺

7月5日に、3回目の文学部長団交が行われた。ここには、処分に反対する数十名の学生が結集した。しかし、金谷学部長は、学生からの質問に正面から答えることなく、相変わらず詭弁を続けていた。しかし、他学部で処分解除の動きが出ているのを聞いて、かなり動揺を見せた。

「原田経済学部長は、団交の席で『退学を含めた一括解除に向けて、教育学部教授会の要請を受けて、評議会でリーダーシップをとり、努力する』と表明していますよ」

「経済学部長の発言はおかしい。『学部自治』の原則からして、きわめて由々しき事である」

「ところで、山口学生部長は、『一部局の評議員3名が退場すれば、全学評議会が流会になる。現に、1972年の学費闘争の処分決定のときは、そういう事態があった』と言っていましたよ。もし文学部が8・20処分に反対だったならば、3人の評議員が退席すればよかったのではないですか」

「『全学評議会流会』に関しては、慣例としてそうだということであり、構成員の三分の二以上出席していれば、評議会は成立することになっている」

金谷文学部長は、文学部としての責任を追及されると、答弁がしどろもどろになり、逃げ口上を言うだけであった。また、「『一革』による東北大再編により教養部解体が行われ、『教養部恒久サークル棟』も建設されないのではないか」などと問われると、「それは、きみたちの思い過ごしですよ」などと笑ってごまかすだけであった。

8・20政治処分については、学生が求めているのは、「解除」ではなく、「全面白紙撤回」であった。とはいえ、6月決戦の山場の中で、状況に大きな変化が生まれつつあった。文学部長団交を短期間に3回行っていく中で、金谷文学部長も全学評議会での質問という形で発言を行わざるを得なくなった。そして、学生の追及に対して「私は評議員として良心的に動いている」などと必死に自己弁護をした。これらの過程で、いつまでも文学部の評議員としての責任逃れをすることができなくなってきた。つまり、これまでのように、「学部自治」を口実として、教養部にすべての責任を負わせ、文学部として責任を回避することができなくなってきたのである。ようやく、文学部、教育学部、経済学部の教授会や評議員が処分解除に向けて具体的に動き出そうとしていた。

その7　処分解除

4月以降の処分粉砕闘争の教養部での経過をたどっていく前に、次の二つの「質問書」の内容を検討してみたい。というのも、この質問書の指摘する論点が、処分解除に向かう全体的な動きを把握するのにとても役立つからである。なぜ、大学当局の8・20政治処分の論理が破綻し、解除に向かわざるを得なくなるのか、という理由が明らかになる。

① 京都大学教官有志（52名、代表　本山幸彦）の「質問書」（1975年12月20日付）

② 東北大学教職員有志（代表　伊藤秀美）の「声明と質問書」（1976年3月3日付）

①の質問書は、「京都大学同学会」の働きかけにより、京都大学教官有志が提出したもの

である。

②の質問書は、①の京都大学教官有志の質問書を受けて、東北大学内の状況を調べて出されたものである。これらの質問書の宛先は、いずれも「東北大学学長・東北大学評議会・東北大学教養部長・東北大学教養部会殿」となっている。なお、大学当局は、いずれの質問書も黙殺し、提出された質問に答えることはなかった。

まず、①の京都大学教官有志による「質問書」は、次の三つを挙げて処分の不当性を主張している。

(1) 教養部長が「公示」および「掲示」した懲戒理由が論理的に曖昧であること。

(2) 教養部長が「掲示」に列挙し、懲戒理由とした学生たちの個々の行為が、果たして正しい事実確認に基づくものかどうか疑わしいこと。

(3) 教養部長によって「教育処分」とされているにもかかわらず、今回の処分は、その全体にわたって、一片の教育的配慮も見られず、大学、教養部当局の強権的な学生指導方針のみが顕著であること。

⑴については、東北大学当局が「学生の本分に反する行為があった」(「東北大学学部通則29条の懲戒規定」)ことを処分理由にしているが、「学生の本分」について、それが何であるのかという具体的な説明がないことを問題にしている。実際、「学生の本分」とは、意味が曖昧であるだけでなく、大学当局によっていくらでも都合よく拡大解釈できる余地があった。ちなみに、高橋富雄教養部長は「学生の本分とは、教養部教授会が決めるものである」と団交の席で答えている。罪刑法定主義のもとでは、懲戒の規定は、あらかじめ具体的に文書に規定されていなくてはならないのである。これについては、すでに見てきたように、「被処分者会議」や「京都大学大学院有志からの要望書」も同様に指摘している。

⑵については、まず、処分の事実認定に対して疑問を提出している。処分された学生と大学当局の事実認定にギャップがあるのは、事前の事情聴取をしなかったことが原因だと指摘している。そして、⑶では、「教育処分」というからには、大学当局は、被処分者がこの処分を納得するように、事前に最大限の努力を払うべきである、と述べられている。次に、処分が決定された教養部教授会では、三分の一の教官が欠席したことは、東北大学の処分規約の「法」的条件を満たさないのではないか。もし、欠席した教官が処分会議に出席すれば、処分は成立しなかったはずであると指摘している。

次に、②の東北大学教職員有志による「声明と質問書」である。これは、①の「京都大学教官有志の質問書」の内容を吟味し、東北大学の現状を教職員有志で調査したうえでの質問書となっている。代表は、歯学部の伊藤秀美教官であった。現在、これを読み返してみると、とても的確に問題点をとらえていたことがわかる。しかし、実は、処分粉砕闘争の最中には、この「質問書」は、私たちの間であまり反響を呼ぶことはなかった。というのも、この段階では、私たちに求められていたことは、処分の本質について議論したり、分析するのではなく、具体的に処分粉砕運動を推進することだったからである。しかし、その後、学部戦線の中で、理系5学部の中では、唯一、歯学部自治会だけが教養部・文学部・教育学部自治会とともに、学長団交の要求などで共同歩調をとってくれた。歯学部自治会では、すでに独自に昨年末に教養部教授会や全学評議会に対して、「処分」に抗議する文書を送付していた。その中には、「『学生の本分』という観念的な内容で『教育処分』は行えない」などの理由が上げられていた。また、2月中旬には、歯学部長団交を行い、歯学部長は、教養部長に対して「今回の異常事態を学生との話し合いでできるだけ早く解決することを要請する」ことを確約していた。これは、学部長が処分撤回を教養部に働きかけるところまでいかなくても、注目される動きであった。この「質問書」を出した伊藤教官と歯学部自治会の間に何らかの意思疎通があったように思われる。では、この「質問書」の五つのポイントについて検討してみることにする。

(1) 1969年には、サークル部室が不足しているという認識だったのに、途中からサークル部室は十分にある、という姿勢に変化した。

(2) 「教育者」たらんとするものは、「学生」に「ペン」を持って、「論理」をもって対応し、教育者・研究者としての所以を示すべきである。

(3) 「『学則』に基づいて、懲戒に処した」というが、1965年青葉山移転闘争、1969年東北大学闘争などの過去のより熾烈な闘争においても適用されなかった学則である。

(4) 学生の一生を左右する「処分」において「事実誤認」は重大な問題である。しかも、被処分者の「異議申立書」については、教授会で検討されず、ほんの一部の教官しか知らない。

(5) 東北大学の「自主改革」の目玉として教養部を廃止し、学部ごとに「一貫教育」を行う。これにより、東北大学の「中教審――筑波大学化」を推し進める。そのためには、反対運動が全学的に波及しないように、学生の自治活動・サークル活動を今のうちの根絶しておく必要があった。

どれも非常に的を射ており重要な指摘である。（1）では、佐川確約からの経緯を踏まえて、大学当局の急な姿勢の変化を指摘している。（2）では、大学という教育機関の本質と責任を明らかにしながら、大学側の強硬な姿勢を、痛烈に批判している。そして、特に、(5)の指摘では、「自主改革」の教養部廃止の方針が、8・20政治処分の本質である、と見事に指摘しているのである。

4月からの教養部の変化

4月からは、2年続いた高橋富雄に代わって、同じく反動教官の御園生善尚が教養部長に就任することになった。高橋富雄教養部長は、最初はもう1年続投するつもりであった。しかし、2月頃には、側近には「もうやめたい」と漏らすようになっていた。そして、『河北新報』3月6日夕刊によれば、「歴史家は未来を予想しえない」という言葉を残し、「4

月以降は学究生活に専念する」ということであった。1972年学費値上げ反対闘争以来の、教養部の強権的な学生弾圧の体制に、少しずつ軋みが生じ始めてきたのである。

御園生善尚の教養部長選出は、春休みに5回もの教養部長選挙のやり直しが行われた末の結果であった。この教養部長選挙では、多くの白票のせいで、なかなか決まらなかった。教養部では、これまでの学生に対する強硬路線に、教官の間にも動揺が見られるようになってきた。御園生教官は、本来的に1972年学費闘争の頃から変わらない反動教官であった。しかし、今回、御園生教官は、高橋富雄前教養部長の失敗を身近で見て、反動派から中間派へとスタンスを変え、教養部を支配しようとしていた。つまり、「ハト派」と「反動派」の危ういバランスの上に立って、教養部支配と反動勢力の温存を試みたのであった。

すでに述べたように、8・20政治処分には、二つの「質問書」に見事に指摘されているように、手続きや処分内容に関する致命的な誤りがあった。このことが、全C連、全学共闘会議、処分者連絡会議、文学部自治会、教育学部自治会、E連絡会議などにより、一般学生や教官に暴露された。これにより今まで教養部教授会を「拡大連絡会議」などを通してヘゲモニーを握ってきた反動教官は、学内的に孤立していくことになる。

４月の新入生歓迎から６月26日の御園生教養部長との大衆団交まで

さて、次の引用は、教養部臨時執行部が新歓（「新入生歓迎」の略語）用に作成した「九ヶ月の苦闘の中から」という題名の新歓パンフからである。臨時自治会執行部寅野委員長の巻頭言には、新歓に対する姿勢が印象的に表現されている。新入生に対して、この間の処分粉砕闘争で暴露された、大学の欺瞞的な姿勢に対して、処分粉砕闘争に主体的に関わることによって、大学に対する幻想を捨て、真実を発見していくことを求めている。

「〈講義〉とは、古くボロボロになったノートを教官が読み上げ、それを写しとることだった」

「『大学に期待するものなどない』……そもそも、闘いなくして〈失った〉幻想なんていかほどのものか。たとえ、闘った人たちが我々にその志を伝えようとして書いたものを読もうとも、闘いなきものが活字を追ってどんなに幻想が崩れるものか」

「故人の糟粕を喰むのではなく、自らの血肉をきりきざんで現実にアンガジュせよ。

……具体的な闘争のないままに、教官への、講義への猜疑ばかりをふくらませたところで何になろう！　だからこそ諸君を歓迎する。だからこそ諸君の入学をよろこぶ。この東北大には自己の変革と世界の変革をめざす闘争があるのだ」

では、4月からの教養部での経過を具体的に見ていくことにする。

4月当初は、まず、新入生オリエンテーションで、昨年9月からの処分闘争の現状と「なぜこれを戦わなくてはいけなかったのか」ということを情宣することから始まった。新入生に東北大学の現状を知ってもらい、5月頃に予定している教養部の学生大会で、8・20政治処分と戦う教養部自治会に結集してもらうことがもっとも重要であった。教養部自治会をとらないことには、大学当局を大衆団交の場に引き出すことはできない。昨年の9・10学生大会の「教養部長との大衆団交」がいまだに大学当局から拒否されており、処分撤回を目指す大衆団交は実現されないままであった。そこで、「九ヶ月の苦闘の中から」という教養部臨時執行部の新歓パンフレットなどを使いながら、30番台サークル部室の自主使用の経過などについて新入生に説明することになった。ここで大切なことは、次の2点であった。

まず、処分推進派の民青のセクト的な対応を明らかにする。つまり、「暴力一掃キャンペーン」ですべての問題をすり替え、「処分された学生は学生ではないから、処分撤回闘争は組まない」などと言い、告訴・告発路線により学友を権力に売ったことである。

次に、大学当局が一切の学生側との話し合いを拒否し、いまだに昨年９・10学生大会の決議である団交を拒否していることの不当性である。また、後期試験を機動隊を常駐させ、検問体制で強行したことである。

新入生オリエンテーションが一区切りつくと、これ以降は、反動教官に対する授業介入が積極的に行われた。特には、反動教官である御園生善尚、菅野喜八郎、小林一郎（倫理学）、渡利千波、高橋富雄教官などにターゲットが絞られた。

その中でも、高橋富雄教官については、授業介入の後で、そのままＡ、Ｂ講義棟の間において引き続いて、処分に対する責任追及が行われることになった。

４月21日、午前中、高橋富雄教官は、なにくわぬ顔で、いつものように日本史の授業を行おうとしていた。学生たちは、処分に関する討論を求めて授業に入っていった。高橋教官は相変わらず、学生の質問に答えることはなく、授業時間が終わってしまった。そこで、学生たちは、教室からA、B講義棟間に高橋教官を連れ出した。これに対して、常時約200人の学生たち、つまり延べ1200名以上の学生たちがこの様子を見守った。約6時間に及ぶ追及の中で、高橋教官は、時にはいくつかの質問に短い言葉で答えたものの、ほとんどの間は、ひたすら沈黙を貫いた。

「……」

「教養部報の内容がめちゃくちゃだから、こうして聞いているんじゃないか」

「教養部報に書いてあります」

「集会の周りを自転車で走っていたことが処分理由となっているがなぜか」

そのうち、追及していた臨時教養部自治会委員長が、どこからか緑色の三角帽を持ってきて高橋富雄前教養部長に被せた。これは、1966年の中国の文化大革命をどこか連想させるものであった。当時の中国では、反動分子は大きな三角帽子を被せられて、民衆が見守る中で道路を連行されていた。

「大衆団交を、つまり、全学生の前で話し合いをしたい」
「正規の手続きで申し込んでください」
「このようにして、今まで5回も団交を申し込んできたじゃないですか。あなたの言う正規の手続きとは、いったい何なのか」
「そのような質問には、答える必要がない」

三角帽子を被った高橋教官は、処分を下したことに対する反省の言葉を何ら表明することなく、6時間に及ぶ追及は終わってしまった。

これには、後日談があった。この様子が、翌朝、全国紙に取り上げられ、次に、『週刊新潮』（1976年5月6日号）が、この様子を半ばおちょくるような記事を掲載した。

しかし、この追及は、特に奇をてらったものではなかった。多くの学生が共有していた、処分に対して団交を開こうとしないことへの怒りの表現でもあった。この間、大学当局が事実をでっち上げて処分を行い、その後も8ミリカメラや写真で学生の面割りを行ったり、延べ200名に上る学生に警告処分を行い、校内に警察や機動隊を導入して学生を弾圧し続けたことに対する、怒りの象徴的なワン・シーンでもあった。

5月になり、文学部以外でも、教育学部、経済学部などで、処分への責任をめぐって各評議員の追及が始まった。評議員は、各学部3名ずついる。当然のことながら、「学部自治」を建前にして「教養部が提案したことだから」と、処分に加担した責任を全く感じていない評議員が多かった。しかし、学生に追及される中で、文学部や教育学部や経済学部では、だんだん対応を変えていく評議員も出てきた。

ここにおいて全体的な状況を、もう一度整理してみたい。教育学部では、5月7日に学生大会が開かれ、「処分に反対する臨時執行部」が樹立された。文学部と教養部では、5月20日に臨時学生大会が同時に開かれ、「処分に反対する臨時執行部」が樹立された。このとき、教養部では自治会委員長が再び青ヘル系となった。経済学部では、民青系自治会と処分に反対する全C連系の「E連絡会議」の支持がお互いに伯仲していた。しかし、残念ながら、民青系執行部を倒して、臨時執行部を樹立することができなかった。とはいえ、経済学部長・教授会は、正式な自治会組織でなくても処分に反対する「E連絡会議」と交渉するという柔軟な対応の仕方をとった。これにより、ようやく歯学部を含めた学部戦線が整いつつあり、いよいよ教養学部での大学当局との決戦局面へと歯車が進みつつあった。

4月からの処分粉砕闘争のカレンダーは、4月当初の全C連のフラクションのレジュメで出されたスケジュールに沿って進みつつあった。大学当局は、2月の後期試験において、機動隊常駐・検問体制を強行することによって、すでに有効な学生弾圧の形態を出し尽くしてしまった。学部戦線が進むにつれ、大学当局の処分や告訴などの刑事弾圧は、もう有効性を失っていった。4月当初から処分に反対する学生が、反動教官に対して授業介入を毎時間のように行っており、彼らは授業が全くできない状態であった。しかも、教養部教官などによる学内機動隊もすっかり解散状態となり、だれも反動教官を救出に来ることもなく、処分もすでに出せなくなっていた。

このような教養部と学部の状況を背景として、ついに、有志サークルによって、5月10日に、約1年ぶりの再度の「30番台サークル部室」の開放が行われた。その後、「サークル協議会」が開かれ、この方針が追認された。昨年の6月23日と全く同じことが行われたが、もはや教養部当局には、退学や無期停学などの処分を出せる客観的状況ではなくなっていた。教養部長が「サークル協議会」などの学生の処分を提案しようとしても、当事者の教養部でも評議会でも、その提案が通る見込みがなくなっていた。御園生教養部長と取り巻きの数学科を中心とする反動教官たちは、少しずつ孤立し、追い込まれてきたのである。

ついに、6月に入って、御園生教養部長は、とりあえず考えられる収拾策として、昨年9月10日の学生大会での「教養部長団交」を求める特別決議を受け入れざるを得ない状況になってきた。そして、御園生教養部長との大衆団交は、6月26日に予定されることになった。

一方で、処分白紙撤回を求める学生側は、この御園生教養部長団交の1週間ほど前の6月21日に、片平キャンパスの東北大学本部で、学長室占拠を行った。これは、この日6月21日から8月7日まで、約50日間貫徹されることになる。今回は、今年1月27日に続く、2度目の学長室占拠であった。当日は、加藤睦奥雄学長は、東京で開かれている国立大学協議会総会に出席していて不在であった。そこで、学生側は、加藤学長の代わりに、交渉窓口である山口格学生部長に会見を求めた。しかし、大学当局がこれを拒否したので、抗議のためしばらく座り込んだ。その後、学生側は、いったんは退散した後で、夜9時半頃になり、学長室ドアを開けて再び入り込んで学長室を占拠した。

学生側は、山口学生部長に対して、「なぜ処分白紙撤回を求める学生に、学長団交の資格を認めないのか」と追及した。すでに1月末の学長団交において、加藤睦奥雄前学長は団交のルールの問題として「2学部以上の自治会なら会う」と明言していた。今回の学長との団交要求は、教養部、文学部、教育学部、歯学部の4学部の自治会による要求であった。ところが、山口学生部長は、これ以降、大学から逃亡して連絡を絶ってしまい、学生との学長団交を設定しないようにしたのであった。

御園生教養部長との団交

6月26日に、御園生教養部長と学生側との大衆団交が始まった。昨年9・10学生大会の決議から10か月近く経ってから、ようやく教養部長団交が行われることになった。とはいえ、すぐに実現するわけではなく、このために、教養部自治会と大学当局との間で4回、50時間に及ぶ予備折衝が行われた。そして、場所は、教養部体育館（2頁　川内キャンパス配置図参照）とし、すべての学生のオブザーバー参加を認めることが合意された。これまで処分粉砕闘争を戦ってきた学生たちは、この教養部長団交で、処分白紙撤回に向けて大きな一歩が踏み出されることになるに違いない、と強い期待感を持って見守った。そして、この大衆団交には、約３００名の学生が結集し、白熱した大学当局への追及が行われた。ここでは、次のような論点が話し合われた。

「昨年は、私たちは30番台教室を自主使用し、いわゆる授業妨害をして、8・20処分が下された。今年は処分に反対する学生は、この冬以来、いわゆる授業妨害を行い、5月10日から『30番台教室自主使用』を続けている。しかし、今年は、処分も警告も、教職員による巡回、警備も行われていない。昨年と今年で、どうして当局の対応がこれほど違うのか」

「今年は、去年のような状況ではない、と教養部当局が判断したからである。去年は、高橋富雄教養部長だったが、今年は、私が教養部長だからだ」

ここにおいて、御園生教養部長は、すべての責任を前教養部長に転化したのだった。さらに、学生からの鋭い追及は続く。

「被処分者の処分理由は、それぞれ事実に基づかないでっち上げだったのではないか」

学生側は、被処分者一人一人につき、細かな事実を指摘して問いただした。しかし、御園生教養部長は、「処分理由について不法行為があったからだ」としか答えられなかった。処分理由の具体的な事実有無になると「記憶にない」「答える必要はない」としか答えられなかったのである。

大衆団交がそろそろ終わりに差しかかった頃に、御園生教養部長は、次のようなことを表明した。

「無期停学者の将来に重大な関心がある。しかし、退学者については、本学には復学規定がないので、それを検討中である」

つまり、「無期停学者」については、「処分を解除することを検討する」と示唆したのであった。しかし、「退学者」については、「復学規定を検討中である」という、とても巧妙で、きわめて政治的な回答の仕方であった。この意味は、「退学者」の処分解除を検討するのではなく、「退学者の復学規定を検討する」という回答であり、問題の所在をすり替えただけであった。また、「退学者」と「無期停学者」の処分解除を分離することにより、学生間の分断を画策するものであった。しかも、紛争の一定の収拾を成果として、教養部教授会での自らの立場を固めようと意図していた。しかし、これは、学生側からは全く受け入れられない提案であった。教養部長団交に、当初は、学生側は大きな期待を抱いていたが、まさに裏切られた思いであった。

この教養部長団交について、それから間もなく「教養部報　号外」が大学当局から出された。その中の「学生の懲戒について」という項目には、いくつか注目すべき点が見られた。まず、事実関係において、処分を正当化するために、かなりの事実に対する意図的な歪曲が行われていたことである。次に、教養部教授会の中に「拡大連絡会議」というタスクフォース（「特定の業務遂行を目的とする臨時の組織。プロジェクトチーム」広辞苑）があり、処分の中心的な役割を担ってきたことが、明確に学生側に明らかにされたことである。これまで学生側に、建前上は秘密にされてきた「拡大連絡会議」の存在を、教授会側から正式に認めることになった。

ここでは、「教養部報」において事実関係を自分たちに都合よく歪曲した点について、具体的にひとつだけ指摘しておく。

「8月18日　8名の学生からの異議申立書を受理しました。同日の『拡大連絡会議』で、懲戒理由の若干の修正ないし、削除の必要を認め、教授会に報告することにいたしました」

まず、被処分者との対面でなく、一方的な書面による「異議申立書」であったことについてはすでに手続き上の不備の問題で指摘してきた。しかも、この「異議申立書」は、「拡大連絡会議」の段階で握りつぶしてしまって、教授会には一切提出されてはいないのである。これは、教養部教授会の場に出席していた複数の教官のすでに証言するところであった。このとき、政治処分を行った1975年8・19教養部教授会で、事実について質問が出ると、「明日は、評議会だからこんなところでいいでしょう」と実にずさんな対応をしたのであった。

各学部長団交・経済学部の変化

この後、法学部長、経済学部長、文学部長、歯学部長団交などが立て続けに行われ、学部戦線が実質的に機能し、処分白紙撤回の動きが、教養部だけにとどまることなく、大学全体に波及してきた。そして、大学全体の状況は、学部を含めて、処分解除の流れに傾きつつあることは確かであった。

この中でも、特に注目すべきは、7月1日の「E連絡会議」との経済学部長団交で、原田三郎経済学部長が次のように語ったことである。

「『8・20処分に関して無期停学者と退学者と別々に解除することが考えられているが、教育上好ましくない。一括して解除すべきである』との経済学部教授会の決議が挙がった」

この原田経済学部長の発言は、次の3点で注目されるものであった。

まず、これまで教養部や各学部教授会では、自治会という正式なルートでなければ学生との団交に応じない、という立場であった。しかし、経済学部では、5月以降からは「E連絡会議」という処分に反対する学生団体を正当な交渉相手として認識し、処分問題に積極的な問題解決に取り組もうとする姿勢を示してきたことである。

次に、これまで各学部教授会は、基本的に各学部の決定を尊重するという姿勢であった。つまり、「評議会――教授会」という関係性の中で、教養部の決定については、他学部の教授会として関与しない、ということであった。しかし、今回は、経済学部では、この従来の姿勢から一歩踏み出して、処分問題を解決すべく提案がなされたのである。しかも、原田経済学部長のみならず、経済学部教授会としての意見として表明されたのである。

最後に、教養部教授会に対して、他学部の教授会から処分問題に対応する当事者能力に疑問を投げかけられたことである。１９７２年学費闘争から続く、学生弾圧による問題解決の仕方では対応できない、ことが指摘された。つまり、教養部教授会の反動教官を中心とした体制を温存したままで、無期停学と退学を分離して中途半端な譲歩を重ねても、問題の本質的な解決にはならない、ということを突き付けられたのである。例えば、１９７２年に無期停学にした2名の学生に対して、その後、何の対応もとらないままにしておく、というような教養部当局の教育に対する責任を放棄した姿勢こそが問われていたのである。無期停学や退学などの処分に当たって、大学当局が「教育処分」という立場を取るからには、被処分者の学生と定期的に連絡を取り、反省の状況などを把握して、復学の可能性についで検討するなどの対応が求められるのは当然のことであった。今度の経済学部教授会での「８・20処分に関して無期停学者と退学者と別々に解除することが考えられているが、教育上好ましくない。一括して解除すべきである」という決議は、教養部教授会の処分問題解決における当事者能力のなさを痛切に批判したものであった。

千葉の数学学会――反動教官への抗議行動

7月10日から、大学は夏休みに入った。学生もほとんどキャンパスからいなくなり、処分撤回運動に対する関心も、当然のことながら薄くなる。大学当局にとっては、「授業妨害」や30番台教室の「不法占拠」などを理由に、新しい処分を検討するなどの、体制を立て直すよい機会でもあった。そして、夏休み明けには、学生はすぐに前期試験が迫っており、動きもかなり制限されてくる。処分に反対する学生側は、もうすぐ処分白紙撤回で決着がつくものと思っていたが、まだ最後の一線を越えることはできていなかった。

このような混迷した状況の中で、学生側は次の有効な一手を繰り出す必要性があった。この状況で行われたのが、7月13日の千葉県九十九里センターでの数学学会における反動教官の追及であった。では、なぜ処分解除を目指す学生側が千葉まで行って教官を追及する必要があったのか。これは、処分反対闘争勝利に向けた運動において、最後の重要なターニング・ポイントでもあった。これには、三つの理由があった。

第一に、東北大では、1972年の学費値上げ反対闘争から、数学科を中心とする反動教官が教養部教授会のヘゲモニーを握ってきた。１９７２年の教養部での１５００人の大量留年の元凶でもあった。数学科の渡利千波、御園生善尚などと高橋富雄（日本史）、菅野喜八郎（憲法学）などが組んで、学内反動体制を構築してきた。菅野喜八郎は、すでに当時から「授業妨害」をでっち上げ、挑発することで学生を処分したり、告訴して弾圧してきた。ちなみに、因果なことにこれらの教官は、いずれも東北大学出身の教官である。同じ大学に長くいると、客観的で柔軟な姿勢や相対的に物事を見る視点を失ってしまうのであろうか。

これまでは、大学当局は「紛争」は教養部で封じ込めて、活動家は処分・留年・除籍などで学部には進学させないようにしてきた。もう一方で、学部においては、「処分は教養部の問題である。学部には責任がない」などという具合に、教養部に責任をすべて押しつけてきた。数学科は、この構造を維持し、学生運動の弾圧の中心を担ってきた。この数学科の反動教官に対して、断固として責任を追及する必要があった。

第二に、学生側としては、４月から６月にかけて、学部戦線を含め、文学・教育学・経済学・歯学部長団交、教養部長団交などを通して処分白紙撤回のための決戦的な局面を作ってきた。しかし、全面的な白紙撤回を勝ち取るためには、教養部教授会がさらに流動化する必要があった。確かに、昨年9月からの処分粉砕闘争によって、「ハト派」と「反動派」との間で地殻変動が起こり、教養部教授会内部はかなり流動化してきたものの、反動体制はいまだに温存されていた。

ここで、御園生教養部長は、「ハト派」教官を取り込むべく、退学者と無期停学者との分離を図り、無期停学者の解除を行うという狡猾な提案をしてきた。こうした状況を打開して、一気に処分解除への流れを作るためには、学生側は、この処分の全面的な解除に向けて強い姿勢を見せる必要があった。

第三に、夏休みに入って一般学生がキャンパスにいなくなってしまうと、処分粉砕運動のエネルギーが失速してしまう可能性があった。4月から行ってきた授業介入などを通して、一般学生にアピールする場がなくなってしまうのである。これまで大学当局は、学生がいなくなった夏休みなどの長期休業中に処分を出してきている。今回も、夏休み中に退学・無期停学などの第二次処分が出る可能性があった。

全学的には、文学部・教育学部・経済学部・歯学部などが処分解除に賛成しており、理学部・工学部・薬学部・医学部が処分解除に反対していた。しかし、教養部が処分解除を全学評議会で提案すれば、そのまま認められそうな状況になってきた。

このような状況で、学生には、何かインパクトのある抗議活動をする戦術的な必要性があった。ここで出てきたのが、千葉での反動教官追及（通称「千葉闘争」）だといえる。この闘争は、マスコミにも取り上げられるなど、社会的に反響も大きかった。しかし、その後の不当ともいえる裁判での量刑により、最終的には、学生側もかなりの犠牲を払うことになった。

九十九里センターでの日本数学会

7月13日に、千葉県九十九里センターにおいて、日本数学会が開催されていた。御園生善尚、渡利千波、北野孝一などの反動教官も、この学会に出席することになっていた。そこで、処分に反対する学生たちも、これらの教官の反動性や暴力的体質をアピールするために学会に乗り込んだ。

10時20分頃に、学生側は、日本数学会の壇上から抗議を開始した。この時点では、何のトラブルもなかった。ところが、突然、渡利教官が飛び出してきて、一人の学生の足をつかんで壇上から引きずり降ろそうとして、ちょっとした小競り合いになった。このハプニングがあったものの、無事にビラをまき終わり全員退去した。しかし、帰路の途中で道路を歩いていたところ、6名全員が令状なしに東金署に連行された。そして、形式的な事情聴取を受け、1時間後には、ここで全員逮捕された。逮捕の理由は、「建造物侵入」「威力業務妨害」であった。その内1名には、「暴行傷害罪」がついていた。

実は、この6名の逮捕の前には、数学科反動教官3名——渡辺、御園生、北野——による素早い対応により、東金署での学生の面割りが行われた。また、渡利教官からは、非常に手際よく克明な被害届が提出された。そして、学生たちは、その日のうちに、東金署から千葉県内の五つの警察署に分離して留置された。

2日後の7月15日には、御園生教官が上申書を千葉東金署長宛てに提出した。42ページにわたる上申書で「彼ら5人を含む学生が、大学構内で暴力をふるっている」ということを、日時を追って詳細に記していた。被告人たちを重く処分させようとする目的のために、意図的に教養部長名で書かれており、対外的には東北大学教養部全体の意志として受け取られるようになっていた。

9日後の7月24日には、学生5名が「建造物侵入」「威力業務妨害」で起訴された。「共謀共同正犯」(「多数の者が犯罪を共謀しその一部の者が犯罪を実行した場合に、実行行為を分担しない者も処罰されること」『法律用語辞典』有斐閣)により、全員に「傷害罪」がついた。検察は、5名が事前に共謀して、渡利千波教官を会場で殴ることを計画していた、と決めつけていた。なお、1名は釈放された。

学生側が日本数学会の壇上でアジテーションしていたとき、渡利教官は、学生1人を引きずり降ろそうとして、ちょっとしたもみ合いがあった。しかし、これは、偶発的なできごとであった。学生側は、だれも渡利教官が演壇にかけ寄ってくることを予期できなかった。にもかかわらず、検察は、「共謀共同正犯」を適用してきた。これは、御園生教養部長の「上申書」によるものであった。東北大で「『暴力事件』の数々があり、そのような学生だから『共謀』があったに違いない」とでっち上げたのである。御園生教官の「教養部長」という肩書により上申書の内容の「真実性」が保障されていた。しかし、これについて教養部教授会は、前期試験終了後の9月22日に、「御園生教官の上申書には、責任を負えない」ことを公式に表明した。

この後、保釈申請が何度か行われたが、すべて却下されて、10月まで3か月間も被告となった5人全員が拘留された。その後、7・13千葉闘争から約10か月後にこの判決が言い渡されることになる。4人に対して執行猶予付きの懲役6か月から8か月の判決と、1人に対して10万円の罰金刑であった。また、執行猶予となった4人についてはその期間、保護観察処分にすることが言い渡された。「保護観察」（「刑の執行猶予中の者に対して、その改善更生を図ることを目的として、保護観察所が行なう指導監督及び補導援護」『法律用語辞典』有斐閣）がつくと、場合によっては、執行猶予が停止され、収監される可能性もある。これは、ふつうなら起訴猶予になるケースであるにもかかわらず、起訴され、しかも不当に重い判決であった。

1972年学費闘争から学生弾圧に慣れた渡利千波教官などは、いかに学生を告訴して権力に売るかという手口が際立っていた。また、「裁判所——警察」の権力がいかに一体となって弾圧できるか、という典型的な例である。

しかし、これは教養部反動体制の解体の開始でもあった。6月末の教養部長団交などで収拾に動きかけていた事態を、再び紛糾させることになった。御園生教官は、教養部の中ですっかり孤立し、事態を一気に処分全面解除の流れへと向かわせることになった。そして、わずか半年で教養部長を辞任することになり、1972年からの東北大学の反動体制が崩壊することになるのである。

無期停学者の処分解除

千葉での数学学会での抗議行動があって2週間後の7月27日に、処分解除について審議する教養部教授会が開かれた。ここで、提案の通りに6人の無期停学者の処分が解除された。今更ながらではあるが、1972年学費闘争の2人の無期停学者の解除も行われた。しかし、実は、ここで可決されたのは、「被処分者の4月からの行動を考慮して決める」という反動教官側の提案であった。一方では、処分の一括解除の案も、厚生補導委員会（「教養部学生の厚生補導全般およびその身上に関する事項を審議し、あわせて学生の指導助言を行う」。『東北大学百年史』）から出されたが、反動教官を中心とする分断解除の方針に押し切られてしまった。この時点では、教養部の反動教官を中心とする勢力は、かなり地盤沈下したものの、教養部全体がさらに決定的に流動化するまでには至っていなかった。

これからほぼ3週間後の8月17日に、東北大学全学評議会が開かれた。ここで、6名の無期停学者の処分が正式に解除された。つまり、1972年8・17処分の2名の無期停学者、1975年8・20処分の無期停学者6名（1972年からの2度目の無期停学者2名を含む）が解除された。

この全学評議会での処分解除を契機にして、「反動派」は、教養部教授会において坂を転げ落ちるようにして実権を失っていった。教養部教授会内で、中間派が反動派ブロックから離脱し、「ハト派」と言われる収束路線が台頭してきたのである。

7月13日の千葉での数学学会での抗議行動に対しても、これが学内の問題なのか、それとも学外の問題なのか、と「反動派」と「ハト派」と中間派の教官の間で見解が分かれた。その中で、御園生教養部長は、両方から「こうもり」として批判された。つまり、「ハト派」からは、退学者の復学を拒否することで、また、「反動派」からは、無期停学者の一括解除を行ったことで批判されたのである。そして、今までの処分粉砕闘争の中で「教養部教授会――学生」という対立の構図だったのが、「反動的な数学科――学生」という対立の構図へと変化しつつあった。つまり、教養部教授会の中でも、教養部の混乱が収束しないのは反動的な数学科の強硬姿勢に問題がある、ということになってきた。これまで「拡大連絡会議」を使って教養部教授会を思うままに操り、良心的な教官には露骨に嫌がらせをし、反対意見を無視してきた姿勢がついに問われることになった。数学科は、教養部教授会の中で次第に孤立してきたのである。また、学部教授会からは、昨年から1年間近く続く処分粉砕闘争にうんざりし、早く混乱を収束させて、教養部廃止を含む「一革」路線を推進したいという要請もあった。

退学者の解除

8月30日の教養部教授会において、退学者の復学に関して、これを議題に取り上げるという動議が教官の一部から提出された。これに対して、御園生教養部長は次のように不服の意を表明する。

「退学者の復学については責任を持てない。もし、退学者の再入学問題を議題にするならば、教養部長を辞任する」

翌日の8月31日の教養部教授会は、退学者の復学について議題にすることを、採決の結果決定した。そして、もはや「拡大連絡会議」に属する一部の反動教官だけで、思い通りに教授会を動かすことは不可能になっていた。これ以降は、「拡大連絡会議」にすべて丸投げするのではなく、教授会において議題の細かい点まで採決にかけられることになった。ここにおいて、「御園生——数学科」を中心とする「反動派」と処分解除を求める「ハト派」とが決定的に分裂した。ここに至り、御園生教養部長は、この席上で辞表を提出した。

次いで、3日後の9月3日の教養部教授会で、正式に御園生教養部長の辞任が決まった。その後、大内秀明（経済学）教授が、正式な教養部長に任命される前の措置として、教養部教授会議長になった。このとき、御園生前教養部長についていた執行部・拡大連絡会議・評議員らが総辞任した。ここにおいて、1972年以来の教養部の学内反動体制が一気に崩壊した。

さらに、9月11日には、学外で「教養部長候補者選出のための教授会」が開かれ、大内秀明教授は1回目の投票で圧倒的に票を集めて、正式に次期教養部長に選出された。そして、教養部長就任後は、すぐに大内体制を敷き、退学者の再入学問題も、10月中旬をめどに結論を出す方向性となった。

大内秀明教養部長は、すっかり混乱した教養部を収束させるべく、その政治的感覚と手腕により、まさに期待を背負っての登場であった。ここで、東北大学の1972年から続いた反動教官による強権的な支配体制が、実質的に幕を閉じることになった。もっとも、大内秀明教養部長は、柔軟路線で「ハト派」ではあるが、「一革」推進派だとも言われていた。学生の中には、いずれ教養部を廃止し、講座制に移行する動きが出るのではないか、と早くも警戒する向きもあった。

10月22日には、教養部教授会において、退学者2名の処分も解除することが決定された。しかし、東北大学には、他大学と違って退学者の復学規定がないので、窮余の策として、「再入学」として処分を解除することになった。そして、教養部教授会の提案を受けて、11月16日の東北大学全学評議会で、正式に処分の解除が認められた。これで1年以上続いた処分粉砕闘争はひとまず終結した。これまで国公立大学の学生処分で、学生側がほぼ完全に勝利するのはめったにないことであった。処分の手続き上の問題とか「学生の本分」という曖昧な学則に依拠した処分理由の不備などの瑕疵《かし》は、処分粉砕闘争が進む中で、学生側の教官への責任追及に有利に働いた。とはいえ、もちろん、処分の手続きが正当なら処分が正当化されるものではないことも確かである。いずれにせよ、ここにおいて8・20政治処分の白紙撤回闘争は一応の終結を見たのである。

ところで、処分の発端となった「恒久サークル棟」の問題は、まだ未解決のままに残っていた。これについて、処分粉砕闘争の最終的な局面で、驚くべき事実が暴露されたのである。

9・13サ活専団交

8・20政治処分の退学者・停学者の解除の方向性が明らかにされる中で、9月13日に「サ活専団交」が行われた。この場で、次のような事実が明らかにされたのであった。それは、「教養部恒久サークル棟」の概算要求が、教授会・評議会の決定にもかかわらず、今年度まで9年間も文部省に届いていなかったことであった。これについては、大学当局から「概算要求は、Aランク付けの最優先で行っている。あとは文部省から予算がおりるかどうかだ」と長い間学生側に説明されてきた。しかし、実際は、いつまで経っても建設されるあてなど全くなかったのである。これでは、大学側が空手形を切って、学生をずっとだましていたことになる。8・20政治処分の処分理由の根拠も、全くなくなってしまうことになる。「サークル協議会運営委員」に対する退学・無期停学の処分理由は、大学側が「教養部恒久サークル棟」を建築する予定だったにもかかわらず、学生側が大学の許可なしに「30番台教室自主使用」を行ったことであった。ところで、今回初めて「サ活専」(正式名「サークル活動専門委員会」)が明らかにしたのは、次のような経過であった。

教養部から学内の最高決定機関である全学評議会に提出され、予算として認められていた。そして、文部省には、学長の責任をもって提出される手はずになっていた。ところが、全学評議会には提出されているのにもかかわらず、ここから最高責任者である学長に行く間に、「教養部恒久サークル棟」の要求は抹殺されてきた。

全学評議会から事務長を経て、学長に提出される過程で予算請求が全くなされていなかった。大学側の説明によれば、事務長が教授会に無断で、「教養部恒久サークル棟」の予算を取り消していたのである。そして、文部省に提出されていたのは、「サークル協議会」や教養部教授会の提案とは全く別な計画であった。つまり、文部省には、教養部ではなく、学部の「恒久サークル棟」が予算請求されていたのである。これは、事務長による勝手な予算変更であった。とはいえ、これはあくまで「サ活専」による、大学側にとって都合のよい説明でもあった。これには、もう一つの可能性もあった。つまり、全学評議会を通ったにもかかわらず、学長を始めとする大学当局の判断で、「教養部恒久サークル棟」の予算を文部省に提出しなかったということである。これには、次の三つの理由が挙げられる。

①　東北大学の教養部を廃止する「自主改革」（「一革」）の計画には、「教養部恒久サー

クル棟」の建設は入っていない（「東北大学教官有志の質問書」）。

② 「一革」により、教養部廃止がすでに大学側の既定路線になっており、「教養部恒久サークル棟」は、建設する予定がなかった。そのため、1973年の1・12協定以降は、「サ活専」は急に態度が硬化し、市道に予定されている「30番台教室」への移転をひたすら「サ協」に迫ってきた。そして、文部省への予算請求の結果がどうなっているのか、一切その途中経過を学生側に説明しないようにした。

③ この件で学生から追及されないように、大学当局の責任をすべて事務長に転嫁した。実際、このような対応の仕方は、1965年当時の東北大学教育学部から宮城教育大学へ教員養成課程を分離移転した際、当時の石津照璽学長が自らの責任を回避するために、何度も自分の言質の責任を関係者に押しつけた姿勢にも出てくる。大学という組織の管理者である限り、いざ自分を守るためには、官僚的な対応も辞さないということである（『東北大学百年史』）。

つまり、いずれにしても、このような予算請求をする素地は、大学当局には十分ありえたのである。すでに、1974年3月の「一革」答申により、教養部は廃止される方向性が示されていた。事務長や学長を中心とする大学当局の立場からすると、「一革」答申の先取りをしたことになる。

ところで、処分粉砕闘争で「教養部恒久サークル棟」の問題が焦点になったことにより、１９７６年度は、「教養部サークル棟」と「学部サークル棟」の二本立てで文部省に予算請求がなされることになった。この場で「サークル協議会」は、「サークル活動専門委員会」との団交で次のような確認書を交わした。

確認書

サ活専は、昭和42年度以来、恒久サークル棟の概算要求が文部省に届いているとの前提に立ち、恒久サークル棟実現の交渉において、サークル協議会及び学生に対して誤った認識（概算要求が文部省に届いていること）を与えたことを自己批判する。

この問題に関し、その責任の所在をふくめて最大限究明し、その結果をできる限り早急に大衆的に明らかにするよう努力することを確認する。

この確認書とともに、「サ活専団交」の成果として、すでに自主使用が行われている「30

番台教室」が正式にサークル部室として認められた。また、「30番台教室」の部室としての整備、必要な備品の購入を大学側が行うことも確約された。

数学科反動教官のその後

数学科の反動教官に対する追及は、8・20政治処分が解除された後も継続された。これらの数学科研究室は、その後も学生が占拠し、講義ができない状態が1977年後半まで約1年続いた。しかし、教養部教授会では、これまでと全く状況が変わってしまったので、数学科反動教官は孤立を深めており、何の対応もできないままになっていた。こういう中で、北野孝一教官は、1977年4月からは東北大学から富山大学へと逃亡した。富山大学での最初の授業に、「千葉闘争を支援する会」の学生が押しかけた。北野教官は、次のように千葉での数学学会をめぐる自分の行為を正当化して開き直った。

「オレは事実を言っただけだ。起訴とか拘留は検察庁の決めることで、オレに責任はない」

そして、御園生前教養部長の上申書については、次のように言い訳した。

「あれは御園生さんが勝手にやったことだ」

富山大学の学生と教官や事務長に、東北大での北野教官の学内機動隊としての反動性を情宣して追及は終わった。

御園生、渡利教官の研究室占拠は、1977年10月ぐらいまで続いた。ついには、御園生・渡利両教官が次の4点を確認し、最終的に決着することになった。しかし、この決着は、「共謀共同正犯」などにより有罪判決を受けた数人の学生の将来を何ら救済するものではなかった。

①処分闘争弾圧の自己批判
②千葉闘争弾圧の自己批判
③講座の受講生に対する自己批判の表明
④裁判費用の弁償

その8　サークル活動とは

サークル活動とは何か

私は、大学に入学してから、「社会経済研究会」という『資本論』を読むサークルと「濫觴同人」という同人誌に参加していた。この二つは、いわゆる「部室のないサークル」であった。「濫觴同人」は、私を含めて4人のメンバーの、同学年の仲間の同人誌であった。文学部3人、工学部1人という構成であった。文学部3人といっても、それぞれ方向性が違っていた。佐々木君は、西洋史に進級したように、文学よりも社会科学的なものに関心を持っていた。4人の共通点というのは、同人誌活動であっても、文学に急傾斜するのではなく、現在の社会問題に関わっていこうということであった。ということで、創刊号は、

「時事問題」特集とした。しかし、これは、後に「時事問題」というとらえ方が、とても傍観者的で、評論家のような無責任な姿勢なのではないか、と金森君の友人から鋭い批判を受けた。私はなるほど、どの状況にも積極的に参加していなかったので当然かもしれない、とも思った。しかし、「30番台教室自主使用」やその後の処分粉砕闘争に参加していく中で、私たちは、いわゆる評論家的な姿勢から脱却して、主体的な姿勢へと変化していった。それぞれのメンバーが処分粉砕闘争の中で、自分たちの存在をかけて闘うことになった。佐々木君と私は文学部自治会、寅野君は、教養部自治会執行部や文学部自治会を担った。また、金森君は、「サークル協議会運営委員」になって処分反対闘争を闘った。私たちの出会いのきっかけは、同人誌であったが、その後、お互いさまざまなネットワークが広がって、処分粉砕運動に関わることになった。

私は、もう一つ「演劇部」もやっていて『お芝居はおしまい』（谷川俊太郎作、１９６０）という劇に脇役で出たりしていた。演劇の祝祭的で、どこかアウトロー的な雰囲気がとても好きであった。でも、間もなく自分には役者は向いていないことがわかってきた。まず、稽古をすることが好きではなかった。その結果、あまり稽古には行かず、公演の２、３日前に行う通し稽古にちょっと顔を出すぐらいだった。とはいえ、舞台で観客の前に立って、観客の視線を浴びて自分を表現することには興味があった。いかにも作られた演技ではなく、状況に応じて、即興的な臨場感のある表現をしたかった。フランスのヌーベル・バーグ映画『勝手にしやがれ』（ジャン＝リュック・ゴダール監督、1960年）のジャン＝ポール・ベルモンド（1933〜2021）のように、毎朝、ゴダール監督からちょっとしたメモだけを手渡されて、演技もセリフも即興で演じてみたかった。ちなみに、ジャン＝ポール・ベルモンドは、アニメ『ルパン三世』『コブラ』の顔のモデルでもあった。しかし、私は、その後、彼がフランス国立高等演劇学校（コンセルヴァトワール）の出身であり、その演技力が学生時代から注目されていたことを知った。やはり、演劇をやるには、基本的で退屈な演劇の訓練も必要だとわかったのは、ずっと後のことであった。

ところで、サークル活動というのは、大学の授業などでは得られない、自己表現をするという機会を求めることではないか、と思うのである。大学での「教授――助教授（准教授）――助手（助教）――院生――学生」というヒエラルキーでは、学生も窒息してしまうのである。ところで、ある文学部の教授は、次のように言ったそうである。

「学生は余分なことはするな。授業の勉強をすればいいんだ。サークルなどやっている暇などないはずだ」

ここには、学生を効率よく教育し、社会というより資本の要求に応えようとする姿勢がよく表れている。私たちは、これまで受験勉強などを通して、きわめて受動的な、フィルターのかかった勉強をしてくる。大学に来て初めて能動的に学び、自由に表現する機会を得るのである。サークル活動とは、仲間とともに学び、自分を自由に表現する場でもある。この中でいろいろな出会いがあり、新たな発見をすることになる。ただ自分一人で本を読んでいただけでは学べない発見をすることになる。

私は、処分粉砕闘争が終わりに近づく頃、『息』というもう一つの同人誌を作った。５人ぐらいのサークルであったが、フランス文学を中心とする雑誌であった。ここで、後にフランス文学の研究者になる2人の仲間に出会った。また、２０１７年から２０２０年まで東北大学文学部長になった森本浩一君にも出会った。私は、かつての金谷治文学部長との3回に及ぶ大衆団交や、次の吉岡昭彦文学部長の時代の1か月近くにわたった学部長室占拠（後述、「その12」３３７~３４１頁）のことなどを思い出すと、ちょっとした眩暈《めまい》にも似た感覚に襲われたりする。いずれにせよ、サークルには、思いがけない出会いがあるということである。大学の講義では得ることのできない、同時代人としての感性に出会えるのである。

次に、この1年間以上「30番台教室自主使用」と処分粉砕運動を戦った「サークル協議会」作成の「1977年サークル協議会　新歓パンフ」の中から「サークル協議会新歓基調」と「サークル運動試論」を見てみよう。ここには、ただ単に楽しくサークル活動をやるだけではなく、この1年間の成果を踏まえ、私たちに何が問われたのか、という興味深い問題提起がなされている。「30番台教室」を自主使用するということは、単に「部室のないサークル」が物理的に場所を確保するというだけではなかった。サークル活動を通して共同性を創出し、お互いが刺激し合ってケミストリー（人間関係の化学変化）を起こし、大学のアカデミズムでは身につけられない新しい視野と感性を見つけることでもあった。

「鑑賞可能な対象物（音楽、演劇、絵画等）のみを指して『文化』というのではなく、対象物を創造する過程、ひいては各々の生活空間の接点においてなされる相互作用、お互いに刺激を受けつつ、何らかの形で個々の内部に蓄積され、表現される物全てを『文化』としてとらえるべきではないだろうか。まさに『文化』とはその人間の生き様であり、有り様そのものだということにならないだろうか。我々は、『文化』をそうとらえたいと思う」

「サークルを選択した時点で各々が目的意識的にそこに集まり、一つの共同体を結成する」

「自己の中に他者と自分の二重写しによってしか対象的・現実的存在としての自己を把握しきれない。『人間』においては、また常に表現点としての下界に働きかける本能的ともいうべき衝動・エネルギーを持つものである」

「現実社会において、自己が自己の内部で完結しえないところにサークルの必要性が生まれ、自己を更なる変革の主体へと確立していく基盤としてサークルが存在するためには、サークル活動の本来性への不断の問い返しと確認がなされぬままでは、形骸化した幽霊サークルが帰結として現実化する」

「サークルは現実に存在根拠をおく人間が担う限り、社会、政治、経済抜きには成立し得ない。……大学生の特権的営為活動ではなく、常に現実社会に依拠し、個人と社会との緊張関係を創り出す主体として自らのサークル活動をとらえ返すことが問われるのであろう。そこにおいて『自主管理・自主運営』の原則の根拠がある」

これらのサークル活動論には、とても興味深いものがある。つまり、大学という体制に適応し、ストレス発散のための息抜きとして、必ずしもサークル活動があるのではないということである。

1969年以降、文部省は、紛争大学を徹底的に管理し、学生運動の根絶を図ろうとしてきた。その中で、学生運動の温床になっている、と不当にも敵視する社会科学系のサークルをできるだけ排除しようとしてきた。実際、筑波大学では、当初、社会科学系のサークルはしばらく認められなかった。娯楽系や運動系のサークルのみが歓迎されたのである。

私は、娯楽系や運動系のサークルを否定するつもりは全くない。やはり、サークル活動は、まず自分の興味があって楽しいというところから始まる。これは、本来的に自主的な活動であるサークル活動の基本であろう。しかし、サークル活動は、自ら主体的に学び、とらえきれない時代の感性に挑み、共同性を創出するための解放区のようなものだったとも思う。まさしく「新歓パンフ」にあるように「自己が自己の内部で完結しえないところにサークルの必要性が生まれ」てくるのである。さまざまなものが熟成し、発酵するためには、新しい感性がぶつかり合い、新しいケミストリーを起こす必要があり、そのような場を提供するのがサークル活動ではないか、と思うのである。

その9　東北大学処分粉砕闘争とは何だったのか

これについては、次の三つの視点から考えてみたい。

まず、第一には、文部省の1969年以降の学生運動を弾圧するための紛争中の大学への管理強化、「大管法」（正式名「大学の運営に関する臨時措置法」）などに端を発した教養部解体攻撃の一環として8・20政治処分が行われたということである。特に全国の国公立大学の教養部において、学生運動が激しかったので、各大学では、講座制を導入するなど、1年生から専門教育を取り入れ、学生の管理を強化しようとしていた。東北大学でも、この頃から全学的な内部改革の動きが本格化し、教養部の問題点などが検討されることになる。1970年の「カリキュラム全学調整委員会」は、教養部のいくつかの問題点を指摘している。これについて、特に次の2点について検討してみたい。

①　教養部は全学の約半数の学生の教育を担当しながら教官数は全学の五分の一に過ぎず、少人数教育を行うためにはカリキュラムの改正が必要である。

②　教養部と学部の教育の関連性が不十分なので、両部局の教官の相互理解が必要である。

確かに教養部の現状としては、ある意味ではその通りであろう。例えば、1年次の多くの英語の授業なども数十人規模であり、興味を持って集中して授業を受ける環境とは必ずしも言い難かった。しかし、私の在籍した文学部の授業に関しては、2年次になると購読などの授業が入ってきて、受講者は、各講座30人程度になった。ただし、西洋史、日本史、心理学、哲学などの概論の講義は、大講義室や階段教室で行われることが多くて、大人数の授業であった。大学当局は、授業の内容に興味を持てず、不満を抱く学生が大勢いることが、教養部における紛争の主要な原因になっていると考えた。そして、これを解決することが紛争をなくす近道である、ときわめて短絡的に考えたのである。しかし、この指摘は、必ずしも当たっているとは思われない。自分の将来の専門に深く関わらない講義は、大人数の教室でも一般的な教養として聞く方が、全体像を把握しやすく、理解しやすい。例えば、黒田正典（心理学）教官の心理学の講義は、大講義室であったが、学生からも人気があり、大講義室であることが必ずしもマイナスになっていなかった。また、2年次からは、比較的少人数の専門的な授業も行われ、教養部と学部との連携が全くなされていなかったわけではない。

大学当局の教養部改革の方向性は、少人数で学生を管理しやすくし、単位認定などで学生を締め付けて、早めに紛争の芽を摘むというところに重点が置かれていた。「教授――助教授（准教授）――助手（助教）――院生――学生」というヒエラルキーを確立して、学部と連携して企業が必要とする学生を促成栽培することに、大学の社会的な使命を見出していた。

さて、このような中教審路線に沿った教養部改革をスムーズに行うためには、教養部廃止をする上で重大な阻害要因となりそうな学生運動を、徹底して弾圧しておく必要があった。1975年3月に教養部改革の「一革」答申が出されると、いよいよ具体的なスケジュールとして教養部改革が動き出すことになる。そのような状況で、「サークル協議会」が同年6月に行った「30番台教室自主使用」は、数学科を中心とする反動教官には、東北大学の学生運動を弾圧する絶好の機会と映った。8・20政治処分による退学・無期停・警告を含む19名の処分は、次に予定されている教養部廃止に向けての予防的な措置であった。

この意味で、この処分は、東北大学における中教審路線の推進の具体化でもあった。「教養部恒久サークル棟」に関わる８・20政治処分の問題は、東北大学の単なる学内的な問題ではなく、１９６９年の「大管法」制定や１９７１年の「四六答申」を受けた全国の個々の大学における一連の学生運動の弾圧と管理強化の動きと密接に関連していた。ただし、１９７５年においては、１９６９年の全国的な学生運動の高揚した時代とは状況がかなり違っていた。問題の本質に変化はないものの、もはや東北大学など一部の大学の問題として扱われ、社会的なインパクトが弱くなっていたのである。１９６９年を頂点とする学生運動の全国的な高揚の時代の後で、政治の季節も終わり、社会全体が内向きの時代になりつつあった。もちろん、これは、１９６９年の学生運動の高まりから教訓を得て、当時の政府や文部省が、積極的に大学当局に機動隊を導入させたり、紛争中の大学の予算をカットしたり、実態の報告を求めたり、監督権を強化して学生運動の封じ込めにある程度成功したことの裏返しでもある。そして、各大学は、文部省の要請に従って、ひたすら自主規制路線となり、学生運動を対話ではなく、機動隊などを積極的に使って、強行に弾圧していくことになる。

このことは、当時流行った映画や歌にも見事に世相が反映されている。『八月の濡れた砂』（藤田敏八監督、日活、1971年）には、社会的な反乱の季節の後の、何とも言えないけだるい雰囲気が表現されていた。また、かぐや姫の『神田川』（1973年）に代表されるような四畳半フォーク、ユーミン（松任谷由実、当時は荒井由美）の『ルージュの伝言』（1975年）になると、もう政治の季節が過ぎ、自分が楽しいと思う日常性を素直に、しかも肯定的に生きることになる。そして、「やさしさに包まれたなら　きっと　目にうつる全てのことは　メッセージ」と、すっかり内向きになってしまうのである。それまでの、自分もデモなどに参加して社会にプロテストしなければいけない、などというような秘かな焦燥感は無縁のものとなるのである。

第二に、大学としての教育に対する姿勢が問われたことである。そこでは、教育とは何か、ということが問われることになる。そして、これは、大学当局の学生に対する処分権の問題についても密接に関わってくる。権力を持つ側は、簡単に処分を行うことができる。しかも、弱いものの立場に立つことがなく、いつも自らの論理こそが正しいと思いがちである。そして、処分される側の学生は、一方的に処分を言い渡される。退学などになれば、せっかくの今までの受験競争を何とか乗り切ってきた努力も、無に帰してしまう。ましてや、権力に売られて告訴されて有罪になれば、公務員や会社員というような社会へのアクセスも閉ざされることもある。それに反して、処分する側の教官は、社会的に特権的な地位により、その責任を問われることはめったにない。実際に、8・20政治処分を下した反動教官も、ほとんどが何事もなかったかのように復権し、教官としての職を定年まで全うしたのである。

学生の処分については、大学がいやしくも教育の場である限り、処分権を一方的に振りかざすのではなく、学生の将来を十分に考慮して慎重に行われるべきである。しかし、8・20政治処分では、被処分者に対する事前の十分な事情聴取もなく、「教育処分」が行われた。教養部教授会は、1975年12月29日の保護者への「教養部報　号外」という文書で次のように述べている。

「これまで処分に関する異議申し立ては口頭でなされていました。しかしながらその『異議申し立て』にはヘルメット集団が大挙してやってくるだけでした。それは異議申し立てや釈明の場ではなく、暴力による混乱の場となるのが常でした。今回の方法によって、この点が改められ、処分対象者の反論が詳細に検討されました」（傍線は著者による）

これについては、すでに「その4」（119～121頁）に述べたのとは別な視点から次の3点を指摘したい。

まず、「処分対象者の反論が詳細に検討されました」というのは、真っ赤なウソであることはすでに何度か指摘してきた。被処分者の「異議申立書」は、「拡大連絡会議」の段階で握りつぶされ、教授会には一切提出されなかった。

次に、このように異議申し立ての仕方を、突然に「口頭」から文書に変更した言い訳を、退学・無期停などの処分を決定してから4か月も過ぎて述べるのは、大学当局の論理の自己破綻以外の何物でもない。大学当局には、処分の正当な手続きを変更すべき理由は見当たらない。なぜなら、いかなる事情であれ、正当な手続きである対面による「異議申し立て」が行われるように最善の努力をする義務と責任は、すべて大学当局にあるからである。それが、教育機関としての大学の最低限の使命である。また、東北大学には、他大学にあるような退学者の復学規定がないことも重大な問題であった。これも、教育の放棄ともいえる。東北大学は、ずっと「研究第一主義」をモットーとしてきたが、学生の個性や多様性を尊重し、学生への真摯な教育的配慮を伴わない「研究第一主義」には、未来はないだろう。

最後に、反動教官による、学生に対する弾圧手段としての告訴路線についてである。ここには、大学人としての理性と論理を捨てた、大学の退廃の象徴を見るしかないのである。東北大学では、最初は、１９６９年の「人命尊重を第一に考え、生命身体の危険を伴うような実力行使は行うべきでない」などとするいわゆる「三原則」などにより、機動隊導入に対して比較的抑制されていた。しかし、同年11月の宮城県警との39項目の密約を結んだあたりから、路線が少しずつ修正されてくる。そして、機動隊を何度も学内に導入する中で、機動隊導入に対するアレルギーが大学当局になくなってくる。その中で、宮城県警との39項目の密約の「Ⅲ　事後事項　⑧　学内の封鎖をした者を告訴、告発されたし」という告訴路線が反動教官によって日常化してくる。反動教官を中心として、学生運動の弾圧に効果的で、しかも、自らは直接手を下さない安易な弾圧手段として積極的に取り入れられる。そこには、教育者としての何らの良心の呵責さえ見られない。ここには、教育者としてのモラルを失い、すっかり権力の走狗と化した、哀れな大学人の姿を見るだけである。そして、裁判所も政府の行政機構の一部である限り、権力側との一体化された弾圧体制の一翼を担うことになる。その証拠に、裁判では、いつでも大学当局の証言や証拠が信頼に値するものとして採用され、学生側の主張や証言などは、判決ではほとんどが否定される。その意味では、いつでも裁判は権力側が有利な立場になるのであり、学生側は、不利な立場からの反撃を強いられたのである。

すでに1972年学費値上げ反対闘争においても、反動教官によって6名の学生の告訴が行われた。告訴の内容は、「監禁」「傷害」「暴行」などである。その告訴路線の中心は、菅野喜八郎（日本国憲法）教官などである。しかも、このとき菅野教官は、監禁罪により学生を告訴する条件を満たすために、いつでも自力で学生の追及の場から脱出できたにもかかわらず、課外活動室にわざわざとどまり、差し出された食料や医師の診断も拒否して、ひたすら「監禁罪」の成立を図った。この裁判の公判では、3年後の1975年の8・20政治処分においても中心メンバーとなる反動教官たちが、告訴された6名の学生の有罪を勝ち取るべく熱心に証言を行った。渡利千波（数学）教官にいたっては、自ら撮影した活動家の写真を頻繁に警察に提供し、裁判の証拠として申請している。その他に、高橋富雄（日本史）、御園生善尚（数学）、福田義一（物理学）、新井萬之助（化学）など8・20処分でも中心になる反動教官のオールキャストであった。ちなみに、これらの反動教官は、残念なことにすべてが東北大学出身者であった。東北大学のスローガンとして「研究第一主義」を唱えながら、教育者としては全くの失格者であった。

ここで、1972年の学費闘争のときに、「授業妨害」などで告訴された学生側の証人に立った五十嵐良雄氏（当時は横浜国立大学非常勤講師）の興味深い証言を見てみたい。[1] ここには、学生を安易に司直の手にゆだねようとする東北大学の反動教官の姿勢に対する鋭い指摘がある。


「私は、1970年から横浜国立大学で比較教育学を担当しているけれども、横浜国立大学というのは、連合赤軍が生まれたところで、東北大学なんていうのと比べて問題にならないぐらい過激な活動しているわけです。そして、私は、羽交い絞めにされたり、殴られたことは枚挙にいとまがない。しかし、すくなくとも大学の教師であるかぎり殴られたからといって、自分の教え子を権力に売るということは……それは教育者でないですね。……大学の試験を受けて入ってくる程度の学生に説得できないということは、やっぱり大学の教師として、まず失格ですよ。……東北大学の教師が、権力に売って裁判で争うなんていうこと私には考えられないというか、それだけで教師として失格ですね。

それからそういう人間が東北大学に大勢おり、その教え子が、今、裁判にかけられているのに、教師が一人も傍聴に来ていない。私から言わせれば、そういう者は教育者ではないですよ。
東大は復学制度がありますから、必ず一年か二年で謹慎の情があれば復学させています。……ご存じかと思いますけれども1965年に早稲田大学で争われたいろんな闘争で、たくさんの学生を処分したけれども、いろいろなしかたで、また復学しています」

この証言を読むと、教育者としての使命とは何かを深く考えさせてくれる絶好の機会となる。果たして教員が単なる知識を切り売りする「精神なき専門人、心情なき享楽人」（マックス・ウェーバー）でよいのかどうか、ということを考えさせてくれる。また、東北大には、退学者に対して復学規定がない。それにもかかわらず、学生弾圧のために安易な処分が行われてきたという負の歴史があった。1976年7月の数学学会での学生の抗議行動（「千葉闘争」194~200頁）に対しても、渡利千波、御園生善尚が大学教官や教養部教授会という権威を使って、暴力行為をでっち上げて、5名の学生を告訴し、「共謀共同正犯」などで有罪判決に至らせている。

ケーベル先生風の伝統と東北大学紛争

反動教官たちは、１９７２年学費闘争の頃から、特に教養部を中心にヘゲモニーを握っていた。教養部には、講義だけを行い、研究室体制を持たない教官が多く、学生と日常的に身近に接したり、直接的に指導したりする機会は少なかった。このような状況が、ひたすら学内政治と学生弾圧にまい進する反動教官の土壌となったことは疑いがない。自らの閉鎖的な権威主義と、学生に対して管理者としてしか君臨し得ない、教育を放棄した哀れな教官の姿であった。しかし、東北大学には、これとは反対に、かつては良風の伝統もあったのである。

東北大学には、大正デモクラシーの時代に、東京帝国大学でケーベル（ラファエル・フォン・ケーベル、ドイツ哲学）門下生であった阿部次郎（美学、『三太郎の日記』）や田辺元（科学概論）などが教授として赴任して来た。当時、ケーベル先生は、これらの学生を自宅での夕食に招待し、談論を楽しんだ。この教えを受け継いで、東北大学でも、法文学部を含め、ケーベル先生門下でない教官も、学生に対する指導はケーベル先生風であった、と言われる（『東北大学百年史』）。また、夏目漱石門下生でもあった阿部次郎は、小宮豊隆（ドイツ文学）とともに「木曜会」（漱石の弟子たちが開いた、漱石書斎での木曜日午後3時から始まるサロン）の中心メンバーでもあった。このケーベル先生と「木曜会」の精神は、戦前・戦後も脈々と生きていて、特に法文学部では、学生が、週1回教官宅に訪問できる「面会日」が設けられていた。ここでは、大学の講義だけでは得られない、談論や貴重な学びの場があり、全人的な教育が行われたのであった。

ちなみに、加藤睦奥雄（生物）学長は、「教養部報」（1974年4月1日付、第22号）で、「新入生諸君を迎えるに当って」と題して、新入生に向かって次のように呼びかけている。

「学問を推進するためには教師と学生の間には十分な意思の疎通がなければなりません。教えられる学生ではなく学びとる学生でなければなりません。私は諸君が教室において講義をきくだけにとどまらず、すすんで教師に直接的な接触を求められるのを期待しています。個人で研究室にうかがうもよし、友と相連れあってお宅にうかがうもよいでありましょう。そこには講義を通して求むべくもない貴重な何物かを得るでありましょうし、人生における大きな指針を与えられるでしょう」

ここには、教養部と学部との間の深い亀裂さえ見ることができるのである。つまり、教養部は、1972年には約1500名もの大量留年を出して、学生運動に対して弾圧体制を強めてきた。一方では、学部ではすべての責任を教養部に押しつけて、安穏として研究生活を続けることができた。加藤学長は、翌年の「教養部報」（1975年4月1日付、第26号）でも同じような内容の呼びかけを新入生に対して行った。しかし、1976年1月には、8・20政治処分反対を求める学生が大挙して学長室に押しかけ、加藤学長に対する責任追及が行われた。そして、加藤学長は、19時間に及ぶ学生の追及に何も答えられず、ひたすら沈黙し、機動隊が導入された。その後、同年4月の新入生に呼びかけた教養部報では、加藤学長の「研究室にたずねるもよし、自宅にうかがうもよし」というような文言はすっかり削除されたのだった。

1969年からの学生運動の高揚期に、中教審路線、大管法など、政府による学生運動の弾圧姿勢が鮮明になってくると、東北大学でも、全学的には根強い反対意見も見られたものの、徐々に宮城県警との39項目の密約に基づく機動隊導入、退学・無期停学処分などの強硬姿勢が目立ってくる。特に、教養部では、1972年学費闘争からは、反動教官を中心にして、退学・無期退学処分や告訴路線がとられて、学生運動を徹底的に弾圧する方向に決定的に舵を切っていく。ここにおいて、ケーベル先生風の全人的な教育が伝統として脈々と流れていたにもかかわらず、なぜこのような反動教官の跋扈《ばっこ》を許すことになったのか、という問いが発せられなくてはならない。大学での教育とはいったい何か、ということが原点から厳しく問い直されなくてはならないのである。

教養部廃止と恒久サークル棟

処分粉砕運動が一応の収束を見た後での教養部、サークル部室問題について触れておきたいと思う。

1978年には、1971年に民青系サークル協議会によって「サ活専」との間に結ばれた1・12密約（「移転に関する協定書」）が大学当局との合意の上で破棄された。この密約は、ずっと大学当局が「恒久サークル棟」の確約なしに「サークル協議会」に対して「30番台教室」への移転を迫る根拠として主張されてきたものであった。そして、「30番台教室」は仮施設として、1994年に新しい「恒久サークル棟」が完成するまで使用された。

教養部は、学生による反対運動も起こったものの、１９９３年に廃止された。また、１９９４年2月2日には、教養部長と学生部長により、教養部のそれまでの学生との間で締結された確認書がすべて無効であることが宣言された。そして、それまで教養部の「サ活専」が管理してきたサークル活動は、学生部に移管されることになった。さらには、１９９８年には、学生部が53年間の歴史を終え、事務の学務部にサークル活動の管理が移行された。かつて教養部教官の担当した「サ活専」の役割は、完全に事務部の管理下となった。これは、サークル活動に対する、ある意味では管理強化の一環とも言えるだろう。

ところで、教養部が廃止された後、１９９４年に完成された「恒久サークル棟」は、果たして「サークル協議会」や処分粉砕闘争を戦った学生たちが要求した「教養部恒久サークル棟」の具体化だったのだろうか。すでに教養部の廃止が決定されており、結局、「教養部恒久サークル棟」は、大学側の思惑通りに性格が曖昧なものとなった。

注釈

１　『影一族　怨の巻』（58頁注6参照）

その10　青ヘルとの関係

全C連と青ヘルとの関係

全C連は、処分粉砕闘争のために、1975年に8・20政治処分が下されてから、すぐに結成された。これには、「30番台教室自主使用」に関わった仲間だけでなく、教養部の全ての学生を結集して戦うという方向性が込められていた。これは、1972年の学費値上げ反対闘争のときに作られた組織と同じ名称でもあった。今回は、被処分者、「30番台教室自主使用」に賛成したサークル、青ヘルなどが結集していた。青ヘルにも退学・無期停学の2名の被処分者がいた。ここにおいて、川内キャンパスのセクト間の状況からも、青ヘルが全C連に参加しないという選択肢はなかったのである。すでに述べたように、青ヘルが川内キャンパスを制圧していたのであり、他の新左翼の党派は表立って活動することはできなかった。もし、そんなことがあれば、たちまち青ヘルに取り囲まれ、詰問を受けたり、場合によっては、内ゲバになる可能性もあった。

とはいえ、全C連は、全体としてはかなりゆるやかな組織であり、各個人の参加の自主性は、全面的に尊重されていた。参加した各団体が、責任を持って自らのメンバーの名前や電話などの連絡方法を確保していた。したがって、処分粉砕闘争の過程で、だれかがいろいろな理由で離れていっても、それ以上個人としての責任を追及されることもなく、各メンバーの自主的な判断に任されていた。

それに対して、青ヘルは、新左翼党派として組織化されており、全国的な展開をして、三派全学連の一つである「反帝学評」という全国的な組織を持っていた。では、処分反対闘争において、私たちノンセクト・ラディカルと青ヘルとの関係はどうだったのか。

これについては、すでに述べた部分もあるので、今度は、別な視点から見てみたい。特には、青ヘルが中心になって行った9・1講義棟バリケード封鎖についてである。9・1をはじめ、青ヘルは、自分たちの勢力を一般学生や大学当局に見せつけ、党派の機関誌『解放』で活動実績を誇示するために、何度かの講義棟のバリケード封鎖を行った。これに対して、私たち全C連の多くの仲間は、この行動方針には賛成することなく、どこかで一線を引いて見ていた。当時の処分粉砕闘争において、このような示威行動については、むしろ否定的でさえあった。もし、私たちがこのような突出した闘争形態を選択すれば、「教養部恒久サークル棟」の建設に理解を示し、8・20政治処分に対しても批判的な一般学生の支持を失いかねなかったのである。ましてや、1968年頃の全共闘時代、その後の東大安田講堂や連合赤軍事件以降は、政府とマスコミが一体となった「過激派キャンペーン」が、すっかり社会の隅々まで浸透していた時代でもあった。世の中には、すっかり「過激派」に対するアレルギーが形成されていた。処分粉砕闘争に結集したサークルの仲間にも、文学部・教育学部のクラス有志にも、「過激派キャンペーン」がすっかり刷り込まれていた。大学当局も、「30番台教室自主使用」を行った「サークル協議会運営委員」を、一部の「過激派」とレッテルを貼ることにより、一般学生から離反させようとした。そして、何ら事前の事情聴取なしの退学・無期停などの不当な処分を正当化しようとしてきた。「過激派」というイメージの決めつけは、大学当局が学生弾圧を強行することに、あたかも正当な理由があったかのような印象を一般学生や社会に与えることができた。

民主主義的なプロセスが無視されたとき、どうような方法があるのか

処分粉砕闘争で、大学当局が学生と柔軟に話し合う姿勢を持ち、学生の主張に充分に耳を傾ける態度があれば、その後の方向性はかなり違っていたはずである。しかし、政府・文部省の強硬な学生運動に対する締め付けのもとで、大学当局の姿勢も、１９７２年の学費値上げ反対闘争以来ますます硬直化し、権威主義的なものとなっていった。また、このような状況で、本来的には、被処分者の側に立つべき教養部自治会（民青系）は、「処分賛成」や「暴力反対」のキャンペーンを張って、処分反対闘争に全面的に敵対してきた。では民主的なシステムがほとんど機能しない状況で、いったいどのようにして学生側は不当な処分に抗議し、処分白紙撤回を求めていったらいいのか。あるいは、どのようにすれば、大学当局と対等な話し合いの場を求められるのか。

これには、１９６０年代にアメリカで、黒人差別をなくすために戦った公民権運動の中心的人物で、ノーベル平和賞も受賞したＭ・Ｌ・キングの運動に多くの学ぶべき点がある。彼は、インドのマハトマ・ガンジーの非暴力による不服従運動に深く影響を受け、非暴力

の抗議運動を取り入れた。そして、非暴力運動を行うために、デモの参加者に、警官や暴徒に殴られても、警察の強力な放水シャワーで吹っ飛ばされても、猛犬にかまれても、一切抵抗しない訓練をしてデモに送り出した。そして、この様子が、テレビや新聞などのマスコミで大きく取り上げられた。これはアメリカ中に、さらには、世界中に反響をまき起こした。これにより、権力との緊張関係を作り出し、当局を対話の場に引き出すことができたのである。ここでの注目すべきポイントは、二つである。

まずは、デモ参加者が一方的に暴力を振るわれて被害者となってしまうのではなく、この様子がマスコミを通して取り上げられたことである。マスコミの報道がなければ、警察の暴力により多数の被害者を出すだけで終わってしまい、この事件は歴史の闇の中に放り込まれ、すべて忘れ去られただろう。しかし、何度も繰り返されたテレビなどの報道を通して、アメリカの歴史における黒人差別の深刻さが、一般市民にも身近なものとして明らかになり、多くのアメリカ人の良心に訴えることができて、大きな社会的な反響をまき起こした。

次に、これらのデモや社会的な反響を背景として、立場の弱い黒人たちが権力との緊張関係を作り出すことで、当局との対等な対話を引き出したことである。それまでは、社会的マイノリティだった黒人に対して、当局は、あらゆる要求を無視し、現状を変えない姿勢を貫いてきた。しかし、社会的な関心が急速に高まり、マスコミの注目も集中してくると、黒人に対するさまざまな人種差別の実態を無視することができなくなり、交渉の場に引きずり出されることになった。

ここで、東北大学の処分粉砕運動に再び戻ってみよう。特に注目したいのは、すでに冒頭で述べたように、1975年9・1講義棟バリケード封鎖である。私たちは、確かに青ヘルのバリケード封鎖に賛成することはなかった。処分反対のクラス決議を挙げたり、ビラをまいて一般学生に訴え、学生大会をできるだけ早く開催し、処分反対の決議を行い、ストライキ権を確立し、大学当局から処分白紙撤回を獲得しようとしていた。また、そのために大学当局から唯一の正式な交渉相手と認められた教養部自治会を民青から奪取して、交渉の窓口を獲得しようとした。というのも、大学当局は、自らの立場が不利になると、「学生代表（教養部自治会）としか会わない」という排除の論理を振りかざしてきたからである。大学当局にとっては、処分に反対する学生を門前払いし、ひたすら事態の鎮静化をはかるというのが常套手段であった。ところで、このように教養部自治会を奪取して、大学当局と大衆団交をする、というやり方だけでは、袋小路に陥る可能性もあった。大学当局は、学生に対して絶対的な単位認定権や処分権を保持し、教授会・全学評議会による強固な権力機構に支えられていた。また、学生の処分に対する責任は、教養部も学部も、大学という官僚機構を使った巧みなたらい回しにより、うまく回避しようとしていた。

このような状況で、9・1バリケード封鎖は、どのように位置づけられるだろうか。ちなみに、新聞などマスコミは、これについて、宮城県版で小さく事実を報道しただけであった。しかし、学内的には、約5000名の教養部の学生には、かなりのインパクトを持って受け止められた。「教養部恒久サークル棟」建設に対する注目と退学・無期停学を含む大学当局の処分に対する一般学生の関心と怒りが急速に高まった。とはいえ、このような一般学生や「30番台教室自主使用」したサークル部員などの、大学当局に対する怒りが急速に結集されなければ、9・1バリケード封鎖は、大きなマイナス効果だっただろう。しかし、9・1バリケード封鎖から9・10学生大会に至るまでの学生の興奮と熱狂は、このマイナス効果を乗り越えていった。バリケード封鎖は、青ヘル路線の貫徹であり、全C連が積極的に関与したものではなかった。しかし、それを乗り越えるだけの多くのサークル部員と一般学生の関心と熱狂があって、マイナスをプラスにも転じることができたのである。

処分粉砕闘争の中で、青ヘルは、青ヘルの独自の政治路線を追求し、その一方で、全C

連の学生の多くは、不当な処分を大学当局に撤回させ、仲間を助けようと処分粉砕運動に、大衆的に結集した。私たちには、何よりも、同じ仲間が不当な処分を受けたのを見捨てることができない、という感情レベルでの、素朴で強い思い入れが底流にあった。

ところで、私たちは、当時の狭山裁判闘争や三里塚闘争[1]や国際反戦デー[2]のような政治的な闘争に参加することを否定はしなかった。実際、ノンセクト・ラディカルとして、これらの闘争や集会にもときどき参加することもあった。しかし、私たちにとってもっとも大切なことは、目の前にある処分粉砕闘争を最後まで戦って、退学・無期停学などの不当な処分を受けた8名の仲間を助けるということであった。この点で、青ヘルと私たちには、決定的な路線の違いがあったといえるだろう。実際、あやうくもう少しのところで、路線の違いが表面化しかねないときもあった。例えば、1976年の千葉の数学学会での反動教官の追及に関しても、青ヘルが委員長だった教養部自治会の内部では、それに何の意味があるのか、という反対意見もあった。青ヘルにとっては、教養部自治会を実質的に掌握していることが基本的に大切であり、狭山裁判などの政治闘争をより重視していた。そして、処分粉砕闘争などのいわゆる「学園主義」[3]は、ある意味では、否定されるべきものでもあった。とはいえ、全C連を中心とした処分粉砕運動に対しては、表立って敵対することはなかった。

青ヘルは、9・1以外にも、節目節目でバリケード封鎖を行った。例えば、1976年1月の臨時学生大会後にも、講義棟のバリケード封鎖を行った。大学当局は、バリケード封鎖の度に、教職員や事務員を大量に動員して、学生の動向を監視し、警備を行わなくてはいけなかった。しかし、一般学生にとっては、だんだん日常的な出来事となり、「青ヘルがまたやっている」とすっかり慣れっこになってしまった。

結論的には、青ヘルと処分粉砕闘争との関係は、お互いが自分たちの路線をとり、お互いが協力し合うこともあったが、過度に関わったり、干渉することはなかったというのが事実であろう。青ヘルは、彼らの論理で処分粉砕運動に関わり、バリケード封鎖を行い、教養部自治会を掌握し、党派としての戦果を挙げ、処分粉砕闘争の中で、可能な限り活動家をリクルートしようとした。

9・1バリケード封鎖のインパクトについては、歴史的な視点でもって、もう一度振り返ってみることも必要かもしれない。私たちの反対にもかかわらず、約5000人の教養部の学生にとっては、処分反対運動の幕開けとなる出来事だったといえる。M・L・キングの公民権運動で見られたように、人々の注目や関心を引いて、歴史の1ページとして記憶されなければ、単なる過去の出来事として人々の記憶から消えてしまうのである。確かに、私たち「濫觴同人」は、バリケード封鎖に違和感を持って、A、B棟間でハンガーストライキをすることに決めた。しかし、バリケード封鎖は、いろいろな意味で、学内的・社会的にも反響があった。

青ヘルが行った他のバリケード封鎖についてはともかく、9・1バリケード封鎖については、その後の処分粉砕運動の展開も含めて、もう一度冷静に、考えてみることが必要かもしれない。もちろん、私たちの立場としては、現在も賛成できない。しかし、当時を歴史的な視点で振り返ってみたときに、もう一度括弧つきで何らかの評価をしてみる必要もあるのかもしれない。

注釈1〜3

1　「三里塚闘争」　1966年7月4日に、千葉県成田市三里塚に「新東京国際空港」（通称「成田空港」）を建設することが閣議決定された。国による土地の強制収容、騒音問題に反対して住民による反対運動が組織された。最初は、社会党や共産党などが支援したがやがて離反した。「三里塚芝山連合空港反対同盟」（通称「反対同盟」、代表　戸村一作）は、その後「支援団体は党派を問わず受け入れる」という方針を取り、中核派、共産同、社青同解放派などの新左翼が支援の中心となった。

1978年3月30日には、新東京国際空港が開港予定だった。しかし、3月26日に新左翼諸派よる「成田空港管制塔占拠事件」が起こり、各種設備が破壊されて開港は延期された。その後、同年5月20日に正式に開港された。反対同盟内での分裂などもあったが、現在でも反対運動が続いている。

2 「国際反戦デー」 1966年10月21日に、「日本労働組合総評議会(総評)」が「ベトナム反戦統一スト」を実施し、それと同時に全世界の反戦運動団体にもベトナム戦争反対を呼びかけた。この日には、新左翼諸派が街頭デモを行った。

3 「学園主義」 大学構内だけで改良主義的な学生運動を行い、狭山闘争、三里塚闘争、中教審路線反対などの街頭などでの政治闘争に参加しない姿勢を非難して使われた。

その11　女性解放運動

東北大学の処分粉砕闘争では、女性解放運動においても、先鋭的な問題意識が提起された。そこには、1970年代からのウーマン・リブ運動を受け継ぐ質の高さがあったのである。まずは、それを理解するために1970年代前後の主なウーマン・リブ運動の歴史を簡単にたどってみよう。次に、東北大学への最初の女子学生入学などの歴史をたどりつつ、1970年代からの処分粉砕運動などを通した女性解放運動について述べたい。

1970年代までの女性解放運動

かつて1960年代後半の新左翼の学生運動では、バリケードの中で食事の用意をしたり、機動隊に投石する石などを用意するのは、女性活動家の役目であった。これについては、労働者や弱者の解放を目指しているはずの男性活動家が、身近にいる女性活動家に対して支配的な態度をとったり、女性活動家がみんなの食事などの用意をするのは、当たり前だという態度をとって、女性活動家から非難されてきた。

ところで、1970年代頃までには、すでに、ウーマン・リブ運動(「リブ」＝liberation《解放》)が世界中で生まれつつあった。例えば、アメリカでは、1963年のベティ・フリーダンの『女らしさの神話』が社会的に大きな反響を引き起こしていた。「名前のない女性」(アメリカで、当時の社会風潮を受けて、学業終了後にすぐ家庭に入った女性)の問題が提起され、女性の役割を妻や母性という神話に閉じ込めようとする社会的な圧力が鋭く告発された。ベティ・フリーダンは『女らしさの神話』の中で次のように書いている。[1]

「今こそ女性に、もっと女らしくなれと説くのをやめるべきだ。なぜなら、女性が『女』になったために、性道徳は堕落し、女性は依存的になり、ひいては、夫や子供たち、特に息子に、大変な負担をかけるようになったからだ。

主婦であることが、どんなにひどい虚無感を女性に与えているかを、人々は知らなければならない。有能な現代の女性にとっては、主婦であるということ自体が危機をはらんでいる」

ここで「特に息子に、大変な負担をかけるようになったからだ」ということについては、少し説明が必要になるだろう。つまり、大学などで高い教育を受けたのにもかかわらず、学業終了後にすぐ専業主婦となって、社会の中で自己実現ができなかった女性が直面することになった問題である。母親となったときに、息子に対して過剰な愛情を注ぎ、息子を通して自己実現をしようと子供に過剰な期待をかけたのである。B・フリーダンの著作によって、「女性は、できるだけ早く家庭に入ることが、女性としての幸福である」といった当時のアメリカ社会の神話の虚偽性が明らかになった。アメリカで、1960年代当時の社会的な圧力に素直に従った多くの女性は、物質的にも豊かで、家庭にも恵まれているにもかかわらず、いつしか無意識的で、とらえどころのない不安と生きがいの喪失にさいなまれた。そして、これを解決する手段は、カウンセリングや精神薬の処方などではなく、自分の有能な能力を家庭に閉じ込めることなく、社会で活躍することだったのである。

1966年に、B・フリーダンが会長になってNOW（全米女性機構）が結成され、女性の権利・地位向上、雇用・賃金の平等、人工中絶の自由化などを求めるウーマン・リブの活動が本格的になる。これには、M・L・キングとともに公民権運動を戦った女性活動家も多く参加した。そして、1973年には、最高裁によって、人工中絶の憲法上の権利を認めた「ロー対ウェイド」判決が下された（2022年6月に、この判決は、保守派多数の最高裁において覆された）。

人工中絶の問題は、ウーマン・リブ運動の中でも、とても重要な課題となっていた。「子供を産む」「子供を産まない」という女性の自由な選択こそは、女性の人間としての基本的な権利に関わるものであった。この問題について、まず日本、次に、フランスの例を見てみよう。

日本では、第二次世界大戦後の混乱期に、先進国ではもっとも早く1948年に「優生保護法」という名称の、中絶を認める法案が成立している。これは、経済的な事情により子供を育てることが困難な女性を保護するために制定された。「優生上の見地から、不良な子孫の出生を防止するとともに、母性の生命・健康を保護することを目的」（第1条）として、「本人の同意並びに配偶者の同意」（第3条）があれば中絶が認められた。これには、「優生保護法」という名称に端的に示されているように、将来的に、民族的に優秀な日本人を子孫として残すという目的があった。また、この「配偶者の同意」が必要だという条項は、現在では世界203カ国の中で、日本を含め11カ国しかなく、「産む・産まない」という女性の権利を全面的に認めていないという点で、問題点が指摘されている。

フランスでは、1971年に、人工妊娠中絶の合法化を求め、自らの中絶経験を公にしたシモーヌ・ド・ボーヴォワール、カトリーヌ・ドヌーヴ、フランソワーズ・サガンなど著名な女性を含む「343人のマニフェスト」が『ル・ヌーヴェル・オプセルヴァトゥール』誌に掲載された。このマニフェストの起草者は、『第二の性』の著者であり、J・P・サルトルの伴侶でもあったシモーヌ・ド・ボーヴォワールであった。ちなみに、『第二の性』は、「人は女に生まれるのではない。女になるのだ」という有名な言葉で始まる。その後、1974年に、ジスカール・デスタン大統領の厚生大臣であったシモーヌ・ヴェイユ[2]によって、中絶の合法化に関する法案が起草され、可決された。

田中美津から始まった1970年代のウーマン・リブ運動

日本でも、1970年頃から、ウーマン・リブの活動が本格的に始まる。同年10月21日の国際反戦デーで、田中美津の主宰する「ぐるーぷ・闘うおんな」という女性だけのデモが銀座で行われた。これが朝日新聞などに取り上げられ、大きな社会的注目を浴びた。1971年8月には、第1回リブ合宿が8月に長野で、10~40代の女性参加者約300人で開催された。そして、1972年5月には、第1回全国リブ大会が渋谷で開催された。ここでは、「ぐるーぷ・闘うおんな」の中心的存在であった田中美津の言葉に注目してみる。彼女は『いのちの女たちへ　とり乱しウーマン・リブ論』(1972年)の中で、まず、当時、全共闘運動の中でよく知られるようになった「自己否定」という言葉に、きわめて先鋭的な異議申し立てをする。[3] 田中美津にとって「自己否定」という言葉は、「持たざる者」ではなく、すでに「持っている者」の言葉であった。

「『自己否定』の論理をまさぐった果てに、バカだ、無価値だと自分自身思っている惨めな者が、これ以上自己否定なんかできるかいと居直ったところで、あたしとリブの出会いがあったのだ。……自己否定の論理に己を真向かわせることができる者は、なんらかの自己肯定をこの体制から与えられるものに限られていたのだ。つまり、そのラディカルさも限度付きだったという訳だ」

さらに、彼女は、自分が密接に関わった全共闘を含めた新左翼運動の中で、社会の改革を求めて立ち上がったはずなのに、そこにあったのは旧態依然の性差別であったことを告発する。

「女はカッティング、スッティングに始まり『革命家』ぶった男の活動資金稼ぎにさらには家事、育児、洗濯など氷山の見えない部分にあたる重い日常性のほとんどを、暗黙の暴力性をもって押しつけられてきた」[4]（筆者注：「カッティング」とは、「ガリを切る」とも言われ、ロウなどで表面加工された原紙に、鉄筆で削り文字を書くこと。「スッティング」とは、それを謄写版を使って、わら半紙などで大量に印刷することである）

1970年に始まり、1972年の優生保護法改正反対[5]で高揚した日本のウーマン・リブ運動は、1975年ぐらいには、下火になってきた。田中美津も、1975年にメキシコで開催された国際婦人年世界会議に出席した後、そのままメキシコに4年半滞在するなどして、女性解放運動からしばらく距離を置くことになった。

「ぐるーぷ・闘うおんな」が新宿リブセンターを中心に活躍していた頃に、急速にマスコミの注目を浴びてきたグループがあった。1972年6月に、薬事評論家だった榎美沙子によって結成された「中ピ連」（正式名「中絶禁止法に反対しピル解禁を要求する女性解放連合」）であった。このグループは、学生運動を連想させるピンク色のヘルメットを被って、街頭宣伝やデモを行った。特に、「女を泣き寝入りさせない会」（1974年8月）を設立して、不倫している有名人男性の自宅や会社にピンクヘルメットで押しかけ、公衆の面前で追及するなど過激な活動スタイルで話題を呼んだ。1977年には、「女性党」を結成し、自分自身は立候補しなかったものの、参議院選挙に10名の女性の賛同者を出馬させた。しかし、ひとつも議席を得ることはできず、1700万円の供託金は没収された。「ピル解禁」（当時は、薬としての品質にも問題があったといわれる。しかも、医者の処方箋によって、月経困難症などの治療薬としてのみ服用できた）という時代的にも、やや早急過ぎる主張や、男性を敵視した派手な活動をする姿が社会から反発を受け、その知名度に反して、必ずしも参議院選での票の獲得には結びつかなかった。ウーマン・リブ運動とマスコミとの関係は、いろいろな社会的なバイアスがかかっていたのである。

フェミニズムを前面に出して国会議員に当選するには、その後、約25年間待たなくてはならなかった。1990年代になってから、法政大学教授でフェミニストの田嶋陽子が「女にはパンを、男にはパンツを」（「パン」は生活の手段、「パンツ」は家事を意味した）というスローガンのもとに、マスコミなどで話題を引き起こした。そして、2001年には、「女と男の構造改革」を訴えて社民党から参議院選挙に立候補して、見事に当選した。

フェミニストについては、「リブは運動、フェミニストは理論」とよく言われる。ウーマン・リブの運動があって、その後にフェミニストの主張が生まれた。ところで、榎美沙子や田嶋陽子などのマスコミを巻き込んだ女性解放への主張は、必ずしも女性や他のウーマン・リブの活動家やフェミニストからの積極的な賛同を得ることができなかった。特に、榎美沙子の「中ピ連」の場合は、マスコミを積極的に利用した、スキャンダラスともいえるやり方や代表自身の独善性が、運動の内部からも批判された。そして、「中ピ連」の「女を泣き寝入りさせない会」の活動以降は、グループの中でも急速に反発が高まり、組織としても分裂してしまった。

ところで、これらを見ると、アメリカでは、1960年代の公民権運動の高まりから数年後、日本では、1968年の全共闘運動、フランスでも「五月革命」の2年後ぐらいからウーマン・リブ運動が始まっている。社会全体を大きく揺るがすようなラディカルな運動があり、その後、ウーマン・リブ運動が始まるのである。これは、決して単なる偶然の一致だとは思われない。社会全体が根底から大きく揺り動かされることによって、その深層に潜んでいた女性差別などの問題が自覚され、表層に浮かび上がって、顕在化してくるのである。

旧帝大初の女子学生入学

東北大学は、女子学生に最初に門戸開放をした旧帝国大学として知られている。[6] 戦前の学制では、まだ江戸時代からの儒教的な世界観が残っており、女子教育は国家により軽視され、女性は、大学などの高等教育を受ける権利がほとんど保障されていなかった。つまり、「国家ノ須要ニ応スル学術技芸ヲ教授」する旧帝国大学に進学できる資格があるのは、制度上は、男子学生だけであった。というのも、旧帝国大学に進学できる資格があるのは、旧制高等学校の卒業生だけであった。そして、旧制高等学校に進学できるのは、男子学生だけだったからである。一方で、女子学生が高等教育を受けるには、教師養成を目的とする女子師範学校に進学するしかなかった。旧帝国大学に進学する可能性は、女子学生には、制度上は、全く閉ざされていたのであった。したがって、東北帝大が女子生徒を入学させるには、正規のルートでは不可能であった。そこで、東北帝大が着目したのが、法律上は「女子学生の入学がだめだとは省令に記していない」という点であった。もちろん、文部省は、女子学生の入学にかなりの難色を示したが、ついに東北帝大側が押し切ったのであった。これは、初代総長・澤柳政太郎の英断によるといわれている。東北帝大としては、仙台に学生に来てもらうためには、少しでも入学要件を広くし、いわゆる傍系入学で門戸開放し、学生数を確保する必要性もあった。当時は、東京という地の利もある東京帝大でさえも、文学部や理学部では、定員割れを起こしていた。この時代は、社会的にも、親が子供を大学に通わせるだけの経済的な余裕もなく、また、これからの社会で学歴がどのような必要性があるか、ということに対する社会での認識も低かったのである。

１９１３年（大正2年）8月21日付けで、３人の女子学生が入学した。黒田チカ（化学科、東京女子高等師範学校助教授、29歳）、牧田らく（数学科、東京女子高等師範学校研究生、24歳）、丹下ウメ（化学科、日本女子大学校助手、40歳）である。その後、黒田チカと丹下ウメは、研究者として活躍した。丹下ウメは、アメリカ留学後に農学博士となった。また黒田チカは、母校の東京女子高等師範学校（現在のお茶の水女子大学）で教員となり、日本で2人目の女性の理学博士となった。これらの縁により、東北大学とお茶の水女子大は、２０１９年に包括連携協定を結んでいる。なお、牧田らくは、東京女子高等師範学校の教員として研究生活を送るが、洋画家金山平三と結婚し、その後退職してからは金山を支えた。

１９２７年（昭和2年）には、東北大学は最初の海外出身者の女子学生に、入学を門戸開放した。梨花女子専門学校（韓国）出身の辛義敬《しんぎけい》は、法文学部（西洋史）に入学し、戦後、韓国で初の女性議員となった。当時は、旧帝大の京城帝国大学（２８９頁参照）が、女子学生入学を認めなかったからであった。

２０２０年（令和2年）には、１９１３年8月21日の最初の帝国大学への女子大生入学を記念して、「女子大生の日」が東北大学からの申請により制定された。

ところで、最初の東北帝国大学への女子学生の入学が画期的だったとしても、その後、処分粉砕闘争が始まった１９７５年頃までに、大学として女子学生にどのような対応や支援を行ってきたのか、ということが問題になるだろう。確かに、当時入学した女子学生に対して、学業をする上で、それなりの支援と細かい指導が行われたようである。しかし、私たちが在学した１９７５年頃において、大学全体でどのように女子学生の問題に取り組んできたのか、ということには疑問が残るのである。

教官による女性差別

私たちの世代は、ウーマン・リブや女性解放運動を自分たちの切実な問題として把握していた。しかし、大学の教官も含めて、私たちの両親の世代は、このことについてほんの一部を除いては、まだ十分な社会的な認識が欠けていた。ここには、深刻な世代間のギャップがあったのである。では、処分粉砕運動の中で実際に経験した次の三つの女性差別の具体例を挙げてみよう。

まずは、東北大学処分粉砕紛争のきっかけとなった8・20政治処分について説明を求めた女子学生に向かって、反動教官として中心的な存在でもあった御園生善尚教官は、次のような言辞を吐いたのである。

「きみのようなブスとは話せない」

これは、「30番台教室自主使用」に対して、手続きも全く無視した退学・無期停学の処分の責任を追及する女子学生の鋭い矛先を鈍らせるために、先制攻撃をして、牽制しようとしたのかもしれない。しかし、女子学生に対しての人権意識がまるでない、どんなに非難されても弁明しようのない言葉である。これを契機に、この階段教室は「そら言った！」とばかりに、男性活動家からの糾弾の嵐になった。

実は、この暴言を言われたのは、ファッションセンスもとてもよい女子学生であった。御園生教官は、きわめて逆説的な表現ながら、悪質な冗談を言ったのである。もし、自分の容姿にちょっとでもコンプレックスを持っている女子学生に言ったなら、完全にアウトであった。このような言葉がすぐ出てくるところが、当時の男性の、女性に対する意識が低かったところであった。

この後は、学生のビラなどにより、女性の活動家に対して「ブスとは話せない」と言い放った教官としてのイメージが定着した。ちなみに、１９７６年の文学部共闘会議の新歓パンフレット「わんわん」[7]のきわめて「反動的な教官紹介」の中では、この件に関し、次のような皮肉を込めた反撃のコメントもなされている。

「（これは）彼の母親との関係、奥さんとの関係をほうふつとさせる、まことにほほえましいものでした」

次は、私の所属していた文学部のある教授の言動である。ある女子学生が就職先などがうまく見つからずに、教授に相談したときのことであった。

「先生、就職がうまく決まりませんでした。先生のご紹介で、どこか就職口を世話していただくことは可能でしょうか」

「きみは、大学時代にいったい何をしていたんだね。いざというときのために、永久就職の口は、見つけておかなかったのですか」

これもやはり、女子学生に対するセクハラ的な言葉であろう。大学に、わざわざ結婚する相手を探すために入学する女子学生がいるという考え方は、当時の何らかの社会風潮を反映していたのかもしれない。しかし、女子生徒に対する人権的な配慮に全く欠けた、理不尽な言い方であろう。もしかしたら、この教授は、自分ではかなり皮肉な、エスプリの利いたことを言ったつもりかもしれない。しかし、これは適切なアドバイスからは程遠い、セクハラとみなされてしかるべきである。

最後に、教養部での「哲学概論」の授業中での出来事である。私は、哲学に興味を持っていたのでこの講座を選択していた。担当の近藤功教官は、ドイツ観念論を専門としていた。この立場から、ときにはカール・マルクスなどを批判する授業をしていた。最初に、この教官が次のような言葉で講義を始めたので、少なからず驚いたのであった。

「哲学は、女・子供ができるものじゃありません」

さすがに、この時代は、ウーマン・リブ運動も社会的に勢いを増し、女性の権利もかなり意識され始めていた。したがって、私は、これにはかなりの違和感を覚えざるを得なかった。しかし、この発言に対して、すぐにはどの方面からも抗議が起こることはなかった。その後、「30番台教室自主使用」も始まり、大学において状況にかなりの変化が見られた。「生理用品無料設置運動」なども顕在化する中で、2月になり講義も終了に近づいた。この頃に、この教官に対して、「C（教養部）女性解放研究会」のメンバーによる追及が行われた。

以下は、同じく講義を取っていた寅野君や「ＬＰ群れの会」の新歓パンフの証言によるものである。

「先生、哲学は、女・子供のやるものじゃないんですか」

「……」

「私たちが厚生補導委員長でもある先生の研究室に抗議をしに行くと、顔を真っ赤にしてどなりちらし、教養部自治会としか会わないと言います。でも、この講義を受ける学生には、あたかも物わかりのよい紳士のような態度をとって、顔を使い分けていますよね」

「私は、まず学生が、学部・学籍番号・氏名を言わないと、会見には応じません」

「ところで、大学での生理用品無料設置に対してどう思いますか。何でトイレットペーパーは無料なのに、女性の生理用品は個人負担なのですか」

「大学が生理用品無料設置をするというのはおかしい。すると、逆に、男子学生のために、大学側がひげ剃りなどを用意しなければいけないことにもなる」

「男性に必要なトイレットペーパーだけを無料で置くのは、男性優位の思想なのではないですか」

「私は、腰から下のことはタブーだと思っている。というのも、哲学は、『イデア』の学問だからね」

近藤教官は、講義をしばらく中断して対応したものの、大勢の学生を前にして、十数名の女子学生を中心とした追及にだんだん答えられなくなり、しどろもどろになってきた。そして、この場は、どうにか乗り切ったものの、新年度の4月からは、ドイツへの研究留学に行ってしまった。

1973年から始まった東北大学でのウーマン・リブ運動

東北大学の女性解放運動は、1972年の学費値上げ反対闘争の1年半後ぐらいから始まった。

1973年11月7日に、教養部で「トイレの整備……液体せっけん、女子生理用品……の販売機の設置要求」から出発した。「女性解放研究会」（約10名）として、生理用品無料設置の運動を起こしたのである。この女性解放運動は「月経は、女性の生理現象。母性の社会的存在を認めさせる」という主張によっていた。この運動は、１９７２年5月に渋谷で開かれた第1回ウーマン・リブ全国大会の影響を受けていた。すでに述べたように、田中美津は、「ぐるーぷ・闘うおんな」を結成し、１９７０年10月21日の国際反戦デーには、日本初の女性だけのデモを銀座で行って注目されていた。

11月19日には、「生理用品無料設置要求実行委員会準備会」が発足し、毎週日曜日にこの問題を含めさまざまな女性問題についての討論会を行った。そして、大学当局とは、厚生補導委員団交や個別折衝を行った。また、『おんな通信』という機関紙を発行し、活動内容を情宣した。このグループは、個人の自由な意志によって参加し、組織として強制しないようになっていた。

12月には、（1）生理用品設置の必要性　（2）有料か無料か　（3）（4）生理用品の種類（ナプキン式・タンポン式）（5）（6）生理・女性問題に関する意識　の六つの項目のアンケート調査を実施した。これをもとにして、アンケート結果の報告を兼ねて「1・17生理用品無料設置討論会」が教養部で開催された。これによれば、生理用品無料設置は90％の賛成があったことで、今までの学生側の意識の低さ、女性の生理に対する大学や社会の無理解などが明らかになった。女性の生理用品は、トイレットペーパーと同じように、社会的な理解により無料化されるべきである（「生理用品無料設置要求委員会」１９７４・１）[8]。

ウーマン・リブ運動には、全国的にも、大学で、職場で、さらには新左翼などの学生運動の中でもいろいろなテーマの運動があった。しかし、東北大学の「生理用品無料設置運動」は、その中でも、他のウーマン・リブ運動には見られないユニークな視点であった。とはいえ、この運動は、１９６１年に発売された「アンネ　ナプキン」の普及とその後の生理用品のさまざまな商品開発なしには、考えられなかっただろう。「アンネ　ナプキン」は、日本における女性解放の第一歩であった。（後述、２７５～２７６頁）

このグループが、単なる女性解放についての研究会ではなく、ウーマン・リブ運動として声を上げたことは、その後の東北大学の女性解放運動に大きな影響を及ぼした。しかも、アンケート調査や討論会などの方法で、一般の女子学生の意見を集約して運動方針を提起した点は、非常に注目に値するだろう。社会的な女性に対する多くの偏見の中で、抗議の声を上げにくく、声を上げれば孤立しがちなウーマン・リブ運動の裾野を広げる役割を果たしたといえる。１９７４年５月には、「生理用品無料設置運動」の一環として、東北大学で田中美津の講演が行われ、女性映画の上映会も行われた。また、実験的に、自分たちで生理用品を女子トイレに設置してみると、すぐに在庫切れになり、女子学生にとって切実な要求であることが明らかになった。

ところで、私は、１９７４年4月に入学した。この「１・17生理用品無料設置討論会」が行われた約3か月後である。しかし、私は、入学してから、翌年の処分粉砕闘争が始まるまでの中で、この種のビラを受け取った記憶はない。もしかしたら、私がたまたま受けとる機会がなかっただけかもしれない。あるいは、男子学生にはあまり期待せず、女子学生を中心にビラがばらまかれていたのかもしれない。

１９７５年には、仙台に来た秋田大学の「母性の社会的保障をめざした生理用品無料設置を要求する実行委員会」との交流の中で、「この運動では母性＝ハンディとされている社会構造に切りこみをいれていかなければならない」ことが報告されている。そして、この運動は、秋田大学だけでなく、早稲田大学にも広まった（『おんな通信』№2　１９７５・２・１）。

１９７６年の「おんな通信」では、優生保護法反対運動が一区切りした１９７５年以降は、ウーマン・リブ運動が全国的に低迷していることを指摘し、この運動を担った仲間が卒業、就職と大学を離れていくことが報告されている（『おんな通信』№9　１９７６・２・１）[9]。

日本では優生保護法改悪阻止運動で盛り上がった1972年が、ウーマン・リブ運動のピークであった。田中美津も1975年にはメキシコに行き、1976年には、すでにウーマン・リブ運動は全国的にも低迷期に入りつつあった。この頃には「生理用品無料設置実行委員会」の中心メンバーのほとんどは、すでに学部の最終学年になっていた。教養部では、1975年6月には「30番台教室自主使用」が行われ、9月には処分粉砕運動が始まっていた。しかし、残念ながら「生理用品無料設置要求実行委員会」のメンバーと私たち全C連との間には、お互いが連帯するなどの直接的な運動の接点はなかった。

処分粉砕運動を通しての女性解放運動

1975年から一年余に及んだ東北大学処分粉砕闘争では、女性差別は実態としてあったのだろうか。結論的に言えば、私たちは、無意識的にも意識的にも、これまでのウーマン・リブ運動の、広範囲にわたる社会的な影響を無視することはできなかった、ということになるだろう。これについて次に見ていきたい。

「サークル協議会運営委員」(5人)にも、女性が2、3人運営委員に入って運営を担い、

「1サークル1部室」「自主運営、自主管理」のスローガンのもとに一緒になって戦った。また、無期停学となった被処分者の中にも、女性の「サークル協議会運営委員」がいた。したがって、特に女性だという理由で、「サークル協議会運営委員」や自治会の執行部から締め出すような排除の論理が使われたことはなかった。また、学長室占拠などで、徹夜の学長追及が行われた場合でも、女性活動家が食事などの差し入れや、男性活動家のために食事を用意するようなこともなかった。そのような場合は、必要に応じて大衆的な定食屋さんに、大きなおにぎりを注文して、学長室まで配達してもらったりした。また、処分粉砕運動のフラクションなどで夕方遅くなってしまい、学食が閉まってしまっても、特に、女性活動家に食事の手配などを頼むことはなかった。そのかわりに、「30番台教室」の上の道路に面してあった2軒の食堂に行ったりして各自が食事をとった。この当時は、学生の間では、処分粉砕闘争のおかげで、これらの食堂の売り上げがかなり伸びたようだと言われていた。このように、東北大学処分粉砕運動においては、過去の新左翼の学生運動であったような、男性・女性の活動家による「性の分業」は見られなかった。

処分粉砕運動の中で女性解放運動は、「生理用品無料設置要求実行委員会」とは違ったやり方やメンバーで同時並行的に行われた。例えば、「生理用品無料設置運動」については、私と同年度に入学した文学部の鈴木彰子さんが早くから問題提起しており、個人的なビラなども配布していた。彼女は、入学後からすぐ「びら（Ｖｉｌｌａ）」というガリ版刷りのビラを、個人的な運動として配っていた。かつて田中美津は、『いのちの女たちへ　とり乱しウーマン・リブ論』の中で「大学というところは、男に似せて女を作ってしまうところだ[10]」と指摘していた。ところで、鈴木さんは、まさしく「たてまえ（知識、概念）」ではなく、「肉体の本音（実感的な痛み）」によって、自分の言葉で語ることを実践しようとしていた。後に、彼女は、処分粉砕闘争にも参加することになる。しかし、全Ｃ連には、参加していたが、新左翼などの既存の組織には全面的に賛同することなく、個人として主体的に関わることを大切にしていた。

「生理用品無料設置要求実行委員会」の運動は、一部では注目されていたものの、大衆的には、あまり目立たなかった。逆に、教養部で、ときどきビラをもらったのは、「Ｃ女性解放研究会」のものであった。「生理用品無料設置要求実行委員会」との違いは、「Ｃ女性解放研究会」の方が、女性解放運動を明らかな政治的問題だととらえていたことである。当時は、「Ｃ女性解放研究会」は、東北大学でただ一つの、女性解放をラディカルに呼びかけるサークルでもあった。前述のように「サークル協議会運営委員」にもメンバーを２、３

名送り、「30番台教室自主使用」においても中心的な役割を果たしていた。

東北大学の女性解放運動は、1973年の「生理用品無料設置要求実行委員会」の運動から始まった。その後、「C女性解放研究会」が「サークル協議会運営委員」などを中心に、時期的には、時には同時並行して活躍した。さらに、女性解放運動の流れとしては、人間関係的には重なり合う部分があっても、運動体としては断続的な形で、次に述べる「女性連絡準備会」へと運動が引き継がれた。しかし、大学紛争などの約2、3年後に女性解放運動も活発化するという傾向には変わりがないようである。

処分粉砕運動が一区切りした2年後の1978年5月には、文学部の学生などをメンバーとして「おんなのぐるーぷ」が結成された。そして、11月10日には、「日々の検証から始め、具体的に生活改善の運動とともに意識変革をなしとげる」という方針のもとに、「おんなのぐるーぷ」が発展的に解消されて「女性連絡準備会」が発足した。その1週間後、11月16日の教養部学生大会では、「女性連絡会議」という団体名で女性解放を目指した特別決議案を提出したのであった。

この提案の内容は、現在的な視点から見てもとても先見性があり、鋭い問題意識が含まれていて、非常に新鮮である。そして、直接的に運動体としては結びついていなくても、提案の中味は1973年からの「生理用品無料設置運動」との継続性がうかがえる。ここでは、次のような理念が掲げられた。

女性の生理的機能（月経、妊娠、出産など）は、個人の処理に任され、社会生活上の障害になっている。しかし、「女性にとって当たり前のことだからこそ」社会的に保障されてしかるべきである（これは、1973年からの「生理用品無料設置運動実行委員会」の「女性の生理用品は、トイレットペーパーと同じように、社会的な理解により無料化されるべきである」という運動の流れを受けている）。

行動方針としては、次の6項目の要求が掲げられていた。ここには、問題意識の鋭さとともに、現在的にも非常に参考になる項目が多いと思われる。特に、男性側には、なぜこのような要求が行われるのか、ということを理解するのに大きなヒントとなるだろう。ここでは、6項目の要求をすべて紹介してみることにする。

①女性用トイレに生理用品を無料設置せよ

消極的理由：持ち合わせがないときに便利である、ということ。しかも（トイレットペーパー同様）無制限に消費されるような性格のものではない。

積極的理由：公共機関である大学が女子学生を受け入れる以上、女子学生にとって（トイレットペーパー同様に）必需品である生理用品を無料で設置し、便宜を図るのは当然のことである。

②女性用トイレにも肢体不自由者用トイレを設置せよ

現在、東北大学の女子用トイレには、肢体不自由者用の設備がない。これは、将来にわたって、大学側にそういった女性たちを積極的に受け入れる意思がない、としかとれない。私たちは、肢体が不自由な女性が安心して入学し、生活できるよう設置を要求する。

③保健管理センターに婦人科を設置せよ

日常生活で女性が気軽に相談できるような婦人科専門の医療機関があるだろうか。大学は学生の保健管理の一環として婦人科を設置すべきである。

④生理欠席を公認せよ

女性の生理痛の程度には大きな個人差があり、特に体育の授業においては支障をきたすことが多い。現状では、個々の女性が体調によって欠席なり、見学なりする場合がほとんどだし、また（特に体育科の場合）出欠席の判断は個人に任されている。

女性の生理機能がハンディとなって現れる場合、それは女性の個人的な処理に委ねて看過すべきものではない。生理痛のために休養することは、女性にとって決して「ずる休み」ではないのである。女性の生理的な諸機能がハンディにならない社会、それを含めての女性の能力が全一的に生かせる社会にしていかなければならない。

⑤生協書籍部に女性学コーナーを設けよ

医学的、生理学的解説書、女性史等をはじめとする女性に関する書物は、現在、書籍部に分散して置かれているが、これらの書物に対して需要や必要性が高まっている今日、利用者がより利用しやすいようにコーナーを設けるべきである。

⑥生協に、女性用日用品を充実せよ

生協売店には、ただでさえ、女性用品が少ない上に、運動用具など男女共用の品物にしても、女性に適したサイズがない。生協はより積極的に、商品の質、量、種類を充実、向上していくべきである。

これらの大学当局への要求は、現在から見てもとても画期的なものである。では、いくつかの点について、各項目をさらに詳しく検討してみたい。

①「女性用トイレに生理用品を無料設置せよ」という要求についてである。これについては、「アンネ　ナプキン」が日本で急速に普及した歴史的な経過を簡単にたどってみる必要があるだろう。

１９６１年の「アンネ　ナプキン」の発売は、画期的な社会現象となった。これは、女性解放の第一歩でもあった。「アンネ　ナプキン」は、当時27歳の社長だった坂井泰子が『アンネの日記』から命名したものだった。『アンネの日記』では、アンネは、13歳のときに始まった生理を「甘美な秘密」と書いていた。この「アンネ　ナプキン」という製品名は、絶妙なものであった。それに加えて、産経新聞出身のＰＲ課長渡紀彦の巧みな宣伝効果（キャッチコピーは、「40年間お待たせしました！　いよいよアンネナプキン登場」）もあり、そのまま水洗トイレで水に流せる生理用品は、女性の間で爆発的に普及した。それまで、日本女性は、社会から生理に対する暗いイメージを持たされていた。また、アメリカなどと比べて劣った生理用品の品質などにより、生理を話題にすることは、女性のみならず、社会的にもタブー扱いであった。ところが、「アンネ　ナプキン」が発売されてからは、「アンネの日」という言い方も女性の間で広まり、一気に暗いイメージから解放された。その後、「生理の日」という言い方も社会的に違和感がなく受け入れられるようになる。そして、かつてはアメリカなどから輸入されていた生理用品もさまざまな選択ができるようになり、1970年代には、ますます手軽でおしゃれなデザインのものが普及した[11]。

しかし、実態としては、女性の側には、生理のことを男性に気軽に話せないという精神的負担と定期的に購入するための経済的負担はまだ残っていた。これについては、当時の女子学生の切実な証言を、「1975年新歓パンフ」（「LP群れの会」：この場合、Lは文学部、Pは教育学部を意味する）から引用したい。

「女がひたすら生理であることを隠さなくちゃいけないのは、どうも小学校五年生頃女の子だけ集めていとも陰険になされた『生理講習会』の影響もあるらしく、あれ以来私の脳裏に生理のことは男の子に話しちゃいけないことなんだという考えが植え付けられてきた。生理用ナプキンは人目に立たぬよう買いに行き、必要な時はカバンの隅に入れて持ち歩き、ゆめゆめ男の子に見せないように、と教えられてきた。恥ずかしがるゆえんも隠すべき道理も全くないのに、ただ女の身だしなみとしてそうあるべきだと言われてきただけなのだ。

世に『タンポン革命』ということばがある。タンポンは確かにナプキンよりじめじめとしないし、生理の実感は弱くなる。でも、だからといって生理がおおっぴらになったかというとそんなこと全くない。生理は生理作用の一つだ。トイレにトイレットペーパーがついているのになぜ生理用品が無料で置かれていないのか。生理が女の負担であることに加え、生理用品を買うことで女が二重の負担を負っている。」

特に最後の「生理が女の負担であることに加え、生理用品を買うことで女が二重の負担を負っている」という指摘には、それまで女性が身近に実感として感じていても、社会的には認識されてこなかったことに対する叫びのような思いが込められている。

ところで、男性の身だしなみであるひげ剃りと違うところは、「生理用品」が衛生用品でもあるということである。『女工哀史』（細井和喜蔵、改造社、1925年）などの歴史が証明するように、場合によっては、深刻な健康被害の原因になる可能性もあった。例えば、『女工哀史』には、次のような記述がある。

「敷石やコンクリートの工場床面で年中ぶっ通しの立ち仕事をし、月経時といえども減量することなき過労、暖気不充分な寄宿舎の生活、加うるに手淫等は、彼女たちを多く婦人病へ導くのである。……やがて嵩じて不妊症となる。……婦女子特有の生理、衛生などは毫（ごう）も注意されない。」（『女工哀史』第十七章　六十一節）

『女工哀史』では、女工の流産や死産が非常に多く、出産した児童の発育不良、障害児出生率の高さを指摘し、月経時の労働による母性の破壊を糾弾している。

生理用品無料設置が「社会的に保障されるべきである」という主張には、男女の社会的条件を一定にするという観点からも妥当性がある。ただし、社会の全ての場所において生理用品無料設置が必要かどうか、については確かに議論の余地があるだろう。とはいえ、学校という教育の現場では、何らかの学校側の配慮があってもいいはずである。実際のところ、トイレなどに衛生的に常備し、希望者は自由に使えるようにしておくのはとても役立つだろう。

②「女性用トイレにも肢体不自由者用トイレを設置せよ」という要求についてである。これは、大学側が男性用トイレにしか身体障害者用トイレを設置してなかったことに対する鋭い指摘である。当時は、まだバリアフリーという考え方は、社会的にもあまり普及していなかった。この中で、特に女性の身体障害者にも配慮を求める、というのは現在では当然のことであるが、当時としては先駆的であった。実際、日本では、１９９０年代にバリアフリー関連法が整備された。そして、２０００年以降になって、公共建築物での多機能トイレの整備などが本格化してきたのである。[12]

③「保健管理センターに婦人科を設置せよ」については、東北大学には、医学部があるので、大学側の取り組み方次第だったはずである。

④の「生理欠席」については、当時、大学の体育の授業は、教養部の必修科目であり、1年生には週1回の授業が行われていた。この単位は、年3回ぐらい欠席するととれなかった。したがって、「生理欠席」を認められるかどうか、というのは女子学生が単位取得をする上で、重大な問題であった。しかも、公欠扱いかどうかを、体育科教官の個人的な判断に委ねるのではなく、大学側の統一した規準が必要なことは当然である。

⑤⑥の生協への要望については、生協と学生側との話し合いの余地は、十分にあった。実際、女性学コーナーは、一時期、特設コーナーとして設けられていた。

ところで、この6項目の要求が教養部の学生大会で提案されて、どのような結果になったか。1978年11月16日に行われた学生大会では、1976年に処分粉砕闘争が一応の終結を見てからは、再び民青系が教養部自治会の執行部を握っていた。この学生大会に参加した学生は、約270名で、教養部自治会規定により学生大会は成立せず、実質的には学生集会になった。

学生大会での民青系の議長団は、議案書の裁決のための議場封鎖をして、「女性連絡会議」のメンバーを会場に入れないままに、この特別決議案の審議に入った。そして、「時間も遅いことだし、私たちも用事があるので審議を打ち切りにしよう」などという全く無内容な緊急動議が取り上げられて、審議が打ち切られてしまった。そして、議長団は、一方的に学生大会の閉会を宣言して、議場から逃亡してしまったのであった。

せっかくの先駆的な「女性連絡会議」の6項目の提案は、教養部自治会から意図的に無視され、残念ながら大学当局と交渉をするところまで運動としては結びつかなかった。しかし、その問題提起の先見性と思想性は、現在的に見ても決して色あせるものではない。東北大学処分粉砕闘争は、ウーマン・リブ運動においても、1973年からの「生理用品無料設置運動」を引き継ぎつつ、重要な問題提起を行った質の高さがあったと評価されるだろう。特に、1978年当時の大学などを含む教育現場において、保健や衛生面の理由から「生理用品の無料設置が社会的に保障されるべきである」という主張は、女性だけでなく、男性も含めて耳を傾けるべき重要な視点であった。また、「肢体不自由者用トイレを設置せよ」という、障害者の視点に立ったバリアフリーの要求は、その後に広く受け入れられた社会的な状況を先取りしたものである。

ところで2020年からのコロナ禍での貧窮によって、日本だけでなく、世界的な「生理の貧困」の問題が社会的にも注目された。とはいえ、日本では、未だに政府は積極的に「生理の貧困」の問題に取り組む姿勢を見せておらず、いくつかの地方自治体が防災用に備蓄されていた生理用品を高校生などに無料で配ったり、あるいは、各大学などでの自主的な取り組みに任されている。

世界的には、2020年11月からは、イギリスのスコットランドでタンポンや生理ナプキンが学生に無料配布されるようになった。また、2021年には、フランスやアメリカのカリフォルニア州でも、大学を含む公立学校で生理用品の無料配布が始まった。カリフォルニア州の法律では、次のように理念が述べられている。[13]

「生理用品へのアクセスは基本的人権であり、健康、尊厳、及びすべての公的生活への全面的な参加を保障するために不可欠なものである」

そして、条文の中では、学生や生徒への生理用品の十分なサポートがないと、精神的な苦痛を与え、健康にも影響する。また、生徒の欠席率も高くなり、社会から脱落したり、疎外感を高め、成人してからの人生にも悪影響を及ぼすことも指摘されている。

現代においては、女性が男性と同じような条件で活躍するための社会的な必要性として、いくつかの国ですでに生理用品の無料配布が行われている。東北大学の処分粉砕闘争で先駆的に問題提起された「生理用品無料設置運動」は、女性の「基本的人権」として現在ではさらに社会的な広がりを見せている。当時から50年近くたってから、ようやく社会的な価値の転換が行われようとしているのである。

注釈1～13

1　『新しい女性の創造』（邦題）ベティ・フリーダン、大和書房、2004

2　シモーヌ・ヴェイユ（1927～2017）は、フランスの政治家で、少女時代（当時16歳）は、母や姉とともにアウシュビッツ収容所に送られ、ホロコーストを体験した。1975年に、ジスカール・デスタン大統領の厚生大臣として人工妊娠中絶の合法化法案（ヴェイユ法）を成立させて、女性解放への道を切り開いた。それまで、カトリックのフランスでは、1920年以来、人工中絶は犯罪とされた。資金がなくてオランダやイギリスに人工妊娠中絶手術に行けない多くの女性が、違法な中絶手術により被害者となった。

1979年には、女性として初の欧州議会議長に選出された。2017年に89歳で死去すると、マクロン大統領によって国葬が行われた。2018年には、マリー・キュリーに次いで、女性としては5人目にパンテオンに埋葬された。なお、『重力と恩寵』などで知られる哲学者のシモーヌ・ヴェイユ（１９０２〜１９４３）とは、血縁関係はない。政治家のヴェイユ（Ｖｅｉｌ）と哲学者のヴェイユ（Ｗｅｉｌ）は、名字の綴りが一字違っている。

３　『いのちの女たちへ―とり乱しウーマン・リブ論』田中美津、田畑書店、１９７２

田中美津は、１９６９年4月28日沖縄デーで、新左翼のデモ隊が機動隊の圧倒的な物量の前に、敗北したことが日本赤軍とウーマン・リブ運動を生み出したと言っている。「すなわち軍事の限界性に固執する中から赤軍が生みだされ、闘争主体の限界性に固執する中からリブがうみだされた訳だ」。そして、田中美津は、永田洋子に連合赤軍の合宿に誘われたとき、拒否するためにわざとミニスカート姿で出かけていった。後のインタビューの中で「永田洋子は、自分だ」と言っている。

４　『いのちの女たちへ―とり乱しウーマン・リブ論』田中美津、田畑書店、１９７２

５　「生長の家」系の議員や将来の若年労働者不足を心配する経団連などから優生保護法改悪の動きが始まり、１９７２年5月に優生保護法改正案が国会に提出された。改正点は、①「経済条項」の削除、②「胎児条項」の新設、③優生保護相談所の業務として、適切な年齢で初回出産がなされるように助言・指導を行うなどである。

①の経済条項の削除は、事実上の中絶禁止を意味した。②の胎児条項とは、「胎児に重度の精神・身体障害の可能性がある場合の中絶を認める」というものであった。それまでに、優生保護の理由から１５０００件以上の強制不妊施術が行われていた。本人の同意なしに、遺伝性疾患、ハンセン病、精神障害がある人に対して審査によって強制的に優生手術がなされていた。

これと同時並行的に、避妊薬ピルが薬局では買えない「要指示薬」になった。優生保護法改悪に対してウーマン・リブ運動では、この法案は「中絶禁止法」だとして全国的な反対運動を起こした。１９７２年度には、国会閉会により廃案となった。しかし、修正なしに１９７３年度に国会に再上程され、継続審議となった。また、１９７４年には、障害者団体の反対もあり、「胎児条項」を削除して国会に再提出されたが、審議未了で廃案となった。優生保護法は、１９４８年から１９９６年まで施行された。１９９７年には、「母体保護法」と改正され「不良な子孫の出生を防止する」という目的が削除された。また、優生手術に関する規定等が削除されることになった。

6 東北帝大の女子学生は、１９４５年までに、理系25名、文系１０４名が入学した。また、北海道帝大は１９１８年（大正7年）、九州帝大は１９２５年（大正14年）に女子学生の入学を認めた。しかし、東京帝大と京都帝大は、入学資格を旧制高等学校卒業者に厳しく限定していたため、女子学生の入学は、戦後になってからであった。

7 「49・50ＬＰ通信　わんわん」（１０１頁参照）

8 「資料　日本ウーマン・リブ史Ⅱ」溝口明代編、松香堂書店、１９９４

9 「資料　日本ウーマン・リブ史Ⅲ」溝口明代編、松香堂書店、１９９５

10 3と同じ

11 『生理用品の社会史――タブーから一大ビジネスへ』田中ひかる、ミネルヴァ書房、２０１３

12 『日本におけるバリアフリーの歴史』高橋儀平、日本義肢装具学会誌Vol.36 No.1、２０２０

13 "AB-367 Menstrual products"（2021-2022）California Legislative Information

その12　教養部解体

最後に、東北大学処分粉砕闘争が、教養部解体という大きな社会的・政治的なコンテクストの中から起こったとするなら、戦後まもなく設置された教養部の成り立ちから教養部解体の歴史的過程を見ていくことが必要となるだろう。また、それを理解するためには、まず、明治期から始まった七つの旧帝国大学の設立の歴史を見て、さらには、2004年（平成16年）の国立大学の独立法人化までの歴史をたどることが必要である。そして、最後に、処分粉砕闘争などを通して東北大学教養部解体の歴史を別の視点から見ていくことにしよう。

1993年（平成5年）に、東北大学でも教養部が解体・廃止された。国公立大学の教養部は、1992年（平成4年）から1997年（平成9年）の間に、ほぼすべての大学で廃止された。そして、2001年（平成13年）においては、国立大学で教養部を置くのは東京医科歯科大学のみとなった。１９９１年（平成３年）に大学審議会が[1]「大学設置基準の大綱化」（以降は「大綱化」）を答申し、教養科目の必修単位数を撤廃した。そして、教養科目と専門科目の割合も各大学の自由裁量となり、教養部は廃止され、「教養教育」（一般教育）は決定的に形骸化した。

ここで、「教養教育」という用語に言及したい。新しい「大学設置基準」では、かつての「一般教育」は、「教養教育」や「共通教育」という呼び名に変わった。また、以前は「一般教育」は、「専門教育」と対立した概念として使用されていた。しかし、「大綱化」以降は、この二つは対置したものとしてではなく、「教養教育」は、「専門教育」と有機的に結びつきながら、４年間を通して学ぶべきものとなった。つまり、大学入学後すぐに、１年生から専門教育が行われるということである。

文部省によって、１９６８年（昭和43年）の全共闘運動以降、大学紛争の温床として敵視された教養部はついに解体・廃止され、「教養教育」（一般教育）は、「専門教育」に組み込まれ、学生に対する、より効果的な管理体制へと移行したのであった。では、教養部は、いったいいつ頃、どのような目的で設置されたのだろうか。

1　なぜ第二次世界大戦後に「教養部」が設置されたのか

戦後、ＧＨＱによって半ば強制的に設置された大学の「教養部」について知るためには、明治時代からの東京帝国大学を始めとする旧帝国大学設立の過程を簡単にたどる必要がある。戦前には、いわゆる「教養教育」は、ひたすら専門教育に特化した旧帝国大学ではなく、旧制高等学校で実質的には行われた。実際、当時の旧制高等学校での、学生が幅広い教養を積極的に身につけようとする姿勢は、「デカンショデカンショで半年暮らす。あとの半年寝て暮らす」などと歌われてもいた。[2] また、第二次世界大戦が終わるまでに、全国で35校あった旧制高等学校は、「全寮制を採っており、全員が起居を共にすることで、お互いに刺激し合い、読書の量も質もどんどん向上していった」[3]。

「帝国大学令」（1886年）から旧七帝国大学設立まで

１８８６年（明治19年）３月１日付の帝国大学令によれば、旧帝国大学の設立目的は次のようになっていた。
「帝国大学ハ国家ノ須要ニ応スル学術技芸ヲ教授シ及其蘊奥《ウンオウ》ヲ攷究《コウキュウ》スルヲ以テ目的トス」
（筆者注：「蘊奥」は、学問の奥義。「攷究」は、深く研究すること。「新漢語林」）

つまり、戦前に東北帝大を含めて国内に七つ設置された帝国大学は、国家のために学問や産業技術を研究する目的で、国策として設立された。ところで、戦前は、帝国大学は、実際は九つあったのである。旧外地（植民地）には、京城帝国大学（１９２４年設立、韓国）、台北帝国大学（１９２８年設立、台湾）が設立されていた。

これに対して、ヨーロッパの大学は、12世紀のルネッサンス時代に、イタリアのボローニャ大学（法律）とフランスのパリ大学（神学）のように、学生と教師のギルド（自治組織）として自発的に生まれた。日本とヨーロッパでは、大学設立の起源がまるっきり違っている。ここに、明治以来、ずっと富国強兵や侵略戦争への全面的な協力をするなど、国家のためにひたすら奉仕する目的で設立された日本の大学とヨーロッパの大学の「自治意識」の差が表れている。しかも、日本では、文系学部ではなく、富国強兵など国策にすぐに役立つ理系学部が国策としてもっとも重要視された。この方針により、東京帝国大学と京都帝国大学を例外として、他の旧帝大は、実質的な理科大学として設立された。

戦後の「新制大学」(後述、295～301頁)の設立まで、東京帝国大学(1877年設立、文・法・経・理・工・医・農)と京都帝国大学(1897年設立、文・法・経・理工・医・農)だけが、文系・理系の学部が満遍なく配置されている、いわゆる総合大学であった。特に、東京帝国大学は、「政府の意図する国家的任務を遂行しうる官庁エリートの養成」のための大学として設立された。ところが、東京帝国大学と京都帝国大学を除く他の五つの帝国大学は、戦後の大学改革まで、実質的には、理科大学に近かったのである。ちなみに、この五つの国内の帝国大学を設立順にあげると次のようになる。

東北帝国大学(1907年設立、法文・理・工・医)
九州帝国大学(1911年設立、法文・理・医)
北海道帝国大学(1918年設立、理・工・医・農)
大阪帝国大学(1931年設立、理・工・医)
名古屋帝国大学(1939年設立、理・工・医)

１９０７年に設立された東北帝国大学は、設立当初の名前が「東北帝国理科大学」であった。その後、１９２２年（大正11）には、法文学部が設置されたが、当時は、文・法学部は分離されていなかった。戦後、１９４９年（昭和24年）に、新制東北大学になってから文・法学部が分離し、同時に、経済・教育学部が設置された。これは、ほぼ同じ時期に設立された九州帝国大学も同様であった。

北海道帝国大学、大阪帝国大学、名古屋帝国大学は、まさしく国策に沿っており、戦前は、理系の学部しか設置されていなかった。つまり、純粋に理系の大学であった。特に、大阪帝国大学と名古屋帝国大学の設立は、太平洋戦争（１９４１〜１９４５年。日本の指導者は「大東亜戦争」と呼称した。『日本大百科全書』）がすぐ目前に迫っているという緊迫した状況に密接な関連性があった。１９３１年（昭和６年）大阪帝国大学設立の時期には、日本が太平洋戦争に突入するため、科学技術を高め、国力を飛躍的に充実させる必要があったのである。その後、１９３８年（昭和13年）４月に国家総動員法、同年10月に科学動員委員会が設置され、国家全体で第二次世界大戦に突入する体制が加速化していった。１９３９年（昭和14年）名古屋帝国大学設立は、まさに風雲急を告げる１９４１年（昭和17年）真珠湾攻撃の２年前であった。

第二次世界大戦中の大学の総動員体制

第二次世界大戦中には、国家総動員での戦争遂行のために、法令などにより大学の工学部の定員が2～3倍に大幅に増員され、逆に、文系学部の定員は著しく削減された。さらには、文系の私立大学や専門学校は、理系の学部に強制的に変更された。例えば、戦前は、専門学校だったキリスト教系の明治学院・青山学院・関東学院三つの専門学校は、文部省の命令により、明治学院にすべて統合された。[4] その際、青山学院・関東学院では、文系学部が廃部された。そして、関東学院には、航空工業専門学校が設立され、理系の専門学校としてかろうじて戦後まで存続した。

東京大学第二工学部

軍部への戦争協力の典型的な例の一つとして、東京帝国大学を挙げてみよう。東京帝大では、陸・海軍の要請により工学部の定員を大幅に増員したため、本郷キャンパスでは学生をすでに収容しきれなくなった。そのために、１９４２年（昭和17年）に、千葉市弥生町に東京帝大第二工学部（教授45名・助教授32名など合計４４１名。学生定員数４２０名）を設立した。名前は、第二工学部であるが、これは夜間大学ではない。学生は、どちらのキャンパスで勉強するかを選択することもできず、大学側がバランスを考慮して学生の所属を調整した。もちろん、多くの学生は、本郷キャンパスで学びたいという強い希望を持っていたことは言うまでもない。[5]

これは、軍事産業のさらなる要請に応じて、多数の工学者や技術者を養成するためであった。ここには、当時、日本とドイツにしかないという造兵学科があり、戦時色の強い講義が行われた。例えば、海軍技術研究所出身の茂木武雄教授「７３６　化学兵器」という講義では、次のような内容が行われた。これを見ると、戦争遂行のために毒ガスの製造法や使用法が学ばれていたのがわかる。ただし、東京帝大の第二工学部だけが例外ではなく、戦時体制のもとでは、全国のすべての帝国大学でも科学動員されて、同じような戦争協力のための学問や研究が行われていた。[6]

７３６　化学兵器　単位数４・０　茂木教授

第一章　総説
１化兵の意義特性及び分類／２沿革並に関係法規
第二章「毒瓦斯《ガス》」
１製造法／２性質／３使用法
第三章　発烟剤、焼夷剤及火焔剤
１発烟剤／２焼夷剤／３火焔剤
第四章　化兵の防御
１「毒瓦斯」探知／２防御材料及防毒面／３防御

戦後、まもなくして１９５１年（昭和26年）には、東京帝大第二工学部は、学内外から「戦犯学部」と責任を問われて、廃止された。第二工学部が存在したのは、戦前から戦後を含め、わずか9年間であった。その後、第二工学部を母体として生産技術研究所が設置された。

戦後の「新制大学」と教養部

１９４５年（昭和20年）に、日本はポツダム宣言を受け入れ、連合国に無条件全面降伏をした。ここで、大学は、これまで国家の戦争遂行に全面的に協力してきた責任と、その社会的な存在意義とを問われることになる。

ＧＨＱ（連合国総司令部）は、日本の戦争責任を追及する中で、戦前の日本の大学をはじめとする教育体制に注目する。連合軍総司令官のマッカーサーは、ＣＩＥ（「民間情報教育局」これ以降「ＣＩＥ」）の提案にしたがって、戦後の教育改革を主導していく。

ＣＩＥの下で、民主的な教育体制を構築するための方針として、すべての大学に「教養部」を設置することは、教育改革を目指したＧＨＱの重要な施策の一つであった。ＣＩＥの報告書には、次のように答申されていた。

「日本の高等教育機関のカリキュラムにおいては、既に述べたように、大概は普通教育を施す機会が余りに少なく、その専門化が余りに早くまた余りに狭すぎ、そして職業的色彩が余りに強すぎるように思われる。自由な思考をなすための一層多くの背景と、職業的訓練の基づくべき一層優れた基礎とを与えるために、更に広大な人文学的態度を養成すべきである。この事は学生の将来の生活を豊かにし、そして彼の職業上の仕事が、人間社会の全般の姿の中に、どんな具合いに入っているかを了解させるであろう。

普通教育は、学生がそれを満足な形において十分受け、それを何か特別の分離したものと考えることのないように、各学年に決められた正規のカリキュラムの中に、統合されるべきであると思う。普通教育の外に、更に専門化の領域に関連した学科目が、学生の専門化された研究課程の中に、現在よりももっと自由に取り入れられるべきである」

このＣＩＥ報告書の教養教育の位置づけについては、２０１３年に提言された次のリベラル教育の勧め（「科学・技術を担う将来世代の育成方策検討委員会」日本学術会議）と比較対照してみるときに、さらにその目的や意義を理解しやすくなるだろう。

①専攻している専門分野の内容を専門外の人にもわかるように説明できる
②その専門分野の社会的・公共的意義について考え理解する
③その専門分野の限界をわきまえ相対化できる

「新制大学」では、学生は単に専門科目を国家の方針に沿って学ぶだけでなく、その社会的な位置づけを自分で考えてみることが求められたのである。

さて、1949年（昭和24年）の文部省の大学設置基準において、戦前の偏狭な専門教育の弊害をなし、「民主的な社会」を形成するための基礎として次のように、前期2年の教養課程が導入された。

①教育課程は、一般教育と専門教育から編成する
②人文・社会・自然の3分野からそれぞれ12単位以上（合計36単位以上）を履修する

さらに、CIEは、一部のエリートや富裕層しか受けられなかった高等教育の独占が、戦

前の軍国主義の原因となったと考えた。そこで、国立大学の「一府県一大学」の原則による各府県への設置が行われた。また、この国立大学には、必ず教育学部（義務教育の教員を養成するためである）を設置することが義務づけられた。ＣＩＥは、師範学校（戦前に、義務教育の教員育成を担った）こそが日本の皇国教育の元凶であると考えて、師範学校をすべて廃止させた。次には、多くの専門学校を昇格させて、私立大学を設立させた。さらに、女子教育の大切さが見直された。民主主義国家になるためには、戦前のように女性の大学進学が制度上ほぼ閉ざされるのではなく、男性と同じような教育の機会を与えることが必要とされた。また、男女共学の大学だけでは、すでに戦前において決定的に不利な立場に置かれた女性の大学教育の機会は十分に確保できない、という理由から二つの国立女子大学――お茶の水女子大学（旧東京女子高等師範学校）と奈良女子大学（旧奈良女子高等師範学校）――が設立された。

これらにより、戦前は、国民のほんの一部に独占されてきた専門的な知識が、広く一般民衆に解放され、多くの高等教育を受けた国民層が生まれ、民主主義のすそ野が広がった。その中で、大学設置基準の中で制度づけられた教養部は、戦後の民主主義教育を担う上で、重要な役割を果たすことが期待された。戦後の大学改革の中で、教養部は、民主化の旗手とも考えられたのである。

１９４９年（昭和24年）5月31日に「国立学校設置法」が制定され、すべての国立大学と私立大学は、「新制大学」として再編された。これにより、69校の新制国立大学が生まれ、65校の新制私立大学も開設された。もっとも、この「新制大学」という言葉は、今ではほとんど死語になってしまった。では、いったい何が「新制大学」なのか。

ここにおいて、特に大切なことは、戦前の画一的で、軍国主義的な教育の反省に立って、アメリカの大学制度を採り入れ、大学では専門教育だけでなく、一般教育が教育課程として取り入れられたことであった。このときＣＩＥの提案に基づいて、１９４８年に文部省の「十一の原則」が作られた。この「十一の原則」こそは、文部省が「新制大学」を設置する上での重要な指針であり、「新制大学」の本質に関わるものであった。これは、非常に重要な資料なので必要なもののみ全文を掲載する。[7]

（一）国立大学は、特別の地域（北海道、東京、愛知、大阪、京都、福岡）を除き、同一地域にある官立学校はこれを合併して一大学とし、一府県一大学の実現を図る

（二）国立大学における学部または分校は、他の府県にまたがらないものとする

（三）各都道府県には必ず教養および教職に関する学部もしくは部を置く

（五）女子教育振興のために、特に国立女子大学を東西二か所に設置する

（八）大学の名称は、原則として、都道府県名を用いるが、その大学および地方の希望によっては、他の名称を用いることができる

（一）については、七つの旧帝大は、「総合大学」として、原則として「一府県一大学」の例外とされた。したがって、総合大学（旧帝大）に加えて、各府県一つの国立大学が設置された。旧帝大は、各地域性を考えて設立されており、総合大学としての役割が期待されていた。しかし、東北大学だけは、後述する理由により例外とされた。東北大学のある宮城県では、東北大学以外の国立大学は、設置されなかったのである。

（二）にある「分校」については、専門課程は「学部」、教養課程は「分校」と呼ばれた。この時点では、「教養部」の位置づけは曖昧であった。実際には、大学に設置されていたにもかかわらず、それは単なる学内組織であり、法律上は、明文化されていなかったのである。

（三）にあるように、地方国立大学（「一府県一大学」）において「教養部」と「教育学部」を必ず設置することが義務付けられた。

この方針を強力に推し進めたのは、ＣＩＥにいたＷ・Ｃ・イールズであった。彼は、戦後日本の民主的な「新制大学」の改革において重要な役割を果たした。しかし、まもなくソビエトなど社会主義国との冷戦がはじまると、新潟大学を皮切りとして、全国の大学で反共的なプロパガンダの講演を行い始めた。つまり、大学から「共産主義教授、学生ストライキ及びストライキ学生の追放」を唱えた。これに反発して、東北大学でも反イールズ闘争（１９５０年）が行われることになる（60～61頁参照）。

１９６３年の教養部の官制化

すでに述べたように、教養部は戦後民主主義の旗手とも言われた。しかし、実際は、一般教育に対する各大学の取り組み方はさまざまであり、教養教育の内容について大学側の理解も足りなかった。また、専門課程の教官は、教養部の教官を見下しており、給料にもかなりの格差があった。東大（１９５１年に「教養学部」を設置）を除いた旧帝大では、専門課程が「本校」であり、教養部は、「分校」と呼ばれた。国立大学協会[8]は、これらの格差を是正するために、文部省に教養部の地位の向上を求めた。そして、ついに文部省は、これらの要望を受けて、1963年（昭和38年）に「国立大学設置法」を改正して、教養部をこれまでの学内組織から官制化（法制化：法律で正式に設置すること）した。これにより、教養部は、法制上も存在を保障されたのである。また、1965年（昭和40年）には、「大学設置基準」の改訂が行われた。これにより、人文・社会・自然の3分野にわたり、それぞれ12単位以上（合計36単位）の履修から、人文・社会・自然の3分野から36単位以上というより柔軟な履修になり、複数の分野にわたる「総合科目」の開設も可能になった。

しかし、まもなく1960年代後半に、全国で大学紛争が発生すると、教養部は、政府・文部省から大学紛争の温床として問題視された。1969年（昭和44年）には、「大管法」が成立した。当時は、文部省の調査では、いわゆる紛争校は全国で77校に達していた。その後、文部省は、全国の大学に対して国立大学協会を通して、教養部改革の早急な検討を求めたのである。これにより、各大学で教養部再編などが検討されたが、実際には、改革案の段階でとどまった大学がほとんどであった。一方で、政府・文部省は、この機会にさまざまなレベルで、教養部改革を含めた大学改革を模索していく。1971年（昭和46年）には、中教審が「今後における学校教育の総合的な拡充整備のための基本的施策について」（「四六《よんろく》答申」）を発表する。これは、その後の大学改革の方向性の岐路となった、きわめて重要な答申であった。そこで次に重要な点だけを挙げてみる。

① 学部・学科以外の教育単位組織（例えば、筑波大学のように「学群」「学系」など）
② 研究・教育の分離
③ 開かれた大学
④ 大学法人化

この「四六答申」は、「教養部廃止」と「大学の独立法人化」（＝民営化）という二つの大学改革に決定的な役割を果たすことになる。

まず、この具体化として、１９７３年（昭和48年）の筑波大学を始めとする24校の「新構想大学」（「中教審モデル大学」）が次々と設立された。これに対して、既存の国公立大学は、この中教審の方針に反発したので、当面は急激な変化は起こらなかった。しかし、１９９７年（平成９年）までには「大綱化」により、ほとんどの大学で、かつての大学紛争の温床となったと文部省によって悪者扱いされた教養部は廃止されることになる。

次に、２００４年（平成16年）には、すべての国公立大学が「独立法人化」された。このときに、次々と大学の統合・再編が推進された。２００３年（平成15年）には、過去最高の１００校あった国立大学は、２００４年（平成16年）には、87大学（13大学減）と減少したのである。これは、国鉄民営化（１９８７年）から郵政民営化（２００７年）に連なる政府の民営化路線の一環でもあり、教育予算を大幅に削減することを目的とした、国公立大学の実質的な民営化であった。

次から「紛争のない大学」を作るという、政府・文部省の長期にわたる政策実現の具体化である「新構想大学（「中教審モデル大学」）（１９７３年〜１９９７年）の設立と「大綱化」（１９９１年）による既存の国公立大学の教養部廃止を順次見ていくことにする。「新構想大学」として筑波大学が１９７３年に設立されてから、約20年後の「大綱化」によって教養部がついに廃止されるのである。これらについては、次の表（３０５頁）により、戦後の教養部成立から国公立大学の法人化までの歩みが概観できるはずである。

１９７０年代の筑波大学に代表される「新構想大学」（「中教審モデル大学」）

１９６０年代後半の全国的な大学紛争を教訓として、「四六答申」によって、政府・文部

教養部の変遷

教養部設置（1949年5月、大学設置基準法）

↓

教養部の官制化（1963年）※東北大学は、1964年

↓

大学紛争 1968〜1970年

↓

中教審答申（「四六答申」、1971年）
①新構想大学　②開かれた大学　③大学法人化

↓

①筑波大学法案（1973年）筑波大学を始めとして24校の新構想大学設立（1974〜1997年）

↓

新構想大学の既設大学への統合（2002〜2003年）

↓

②**大綱化**（1991年）
既設大学の教養部廃止（1992〜1997年）

↓

国立大学法人化（2004年）
大学の統合化 87大学（－13校）

この間には、国鉄民営化（1987年）、郵政民営化（2007年）などが行われた。政府は、公共部門の赤字を穴埋めするため、さらなる民営化による国の財政負担の軽減化を積極的に進めている。

省は、「紛争のない大学」という新しいタイプの大学の設立を強力に推進した。代表的なのは、1973年の筑波大学（前身は、東京教育大学）の設置であり、その後、次々に23校の新構想大学が設立された。

当時の東京教育大学は、大学構内が手狭になり、キャンパスもいろいろと分散（「タコ足大学」と呼ばれた）していたために、適当な移転先を探していた。政府は、これに対して、東京教育大学とは、全く継続性がない、いわゆる「新構想大学」（「中教審モデル大学」）である筑波大学を設立した。そのために、政府は、広範囲な筑波移転反対運動の高まりにもかかわらず、「筑波大学法案」（正式名「国立学校設置法等一部を改正する法律」）を国会に提出し、強行成立させた。

このとき、これまでの大学設置などに関する法律では対処できなかったので、「学校基本法」「教育公務員特例法」「国立学校設置法」などの一部改正が行われた。つまり、「学校教育法」改正によって、学部以外の研究組織や副学長の設置が可能になった。「教育公務員特例法」の改正によって、副学長の任免が可能となり、全学評議会が廃止になった。「国立学校設置法」改正によって、筑波大学の設置とその制度が認められた。これにより、学長の権限が強化され、学部ではなく「学群」（学生所属）と「学系」（教官所属）が取り入れられて、教養部とともに従来の学部がすべて廃止され、「紛争のない大学」のモデル校が作られた。

筑波大学の管理運営体制は、学長の強大な権限とともに、7~8名の副学長を含む10名の理事の設置により専制的に強化された。また、学外の意見を反映させるための「参与会」(これにより中教審の唱えるいわゆる「開かれた大学」となった)が設置された。また、学部が廃止され、教官は「学系」に所属したために、学部教授会は設置されなかった。学生は、学部ではなく四つの「学群」に所属することになり、各学部にあった学生自治会もなくなった。また、教官は「学系」となることにより「教育と研究」が分離された。さらに、筑波大学では、サークル活動なども規制され、学生管理が急速に進んだ。筑波大学では、サークルや文化祭の参加団体は、大学側による許可制で、必ず教官が顧問につくことになっていた。また、サークル活動は1年毎の許可制で、活動報告を大学側に提出し、新加盟の学生の名簿も提出することになっていた。[9] これは、「大学側が学生のすべての課外活動に責任を持つ」という方針によるものであった。しかし、実態は、学生の自主活動であるサークル活動への、大学当局の徹底管理であった。

大学での学生の自主活動は、すべて大学側による許可制となり、しかも、顧問が必要になった。そして、「三里塚問題」などの社会科学系サークルは認められず、文化祭の企画などにも制限があった。例えば、1979年に大学側の許可なく自主的な大学祭を主宰した学生は、学生のいない春休み中に、大量18名（無期停学7名、停学6か月・2名、停学3か月・4名、訓告5名）が処分された。「紛争のない大学」を作るために、学内のみならず、学外での学生の集会や集まりも、教官と私服警官がタイアップして見回りを行って、徹底的に監視するという体制が構築された。[10] 筑波大学は、当初はいわゆる「開かれた大学」を目指したが、学生・教官・市民などに開かれるのではなく、皮肉なことに、政府・産業界にのみ開かれた大学であった。

この「新構想大学」こそは、「紛争のない大学」の具体化であったが、これ以降、新設の医科大学や大学院大学などで、筑波大学化が進められていく。「新構想大学」は、総合大学である筑波大学から始まり、全国で新たに23校が設立されたのである。この間、政府の大学予算の多くは、「新構想大学」の設立のために、優先的に配分された。

1970～1990年代に設置された「新構想大学」では、副学長を配置しての学長権限の中央集権化、学外の有識者の意見を反映するための「参与」（筑波大学のみ「参与会」）の登用などが制度化され、「大学の自治」は、決定的に形骸化されることになった。次々と設置された「新構想大学」は、次のようになっている。

①「一県一医大政策」に基づき設置された11の単科の国立医科大学――浜松医科大学（1974年）、宮崎医科大学（1974年・現宮崎大学医学部）、滋賀医科大学（1974年）、富山医科薬科大学（1975年・現富山大学医学部・薬学部）、島根医科大学（1975年・現島根大学医学部）、高知医科大学（1978年・現高知大学医学部）、佐賀医科大学（1976年・現佐賀大学医学部）、大分医科大学（1976年・現大分大学医学部）、福井医科大学（1978年・現福井大学医学部）、山梨医科大学（1978年・現山梨大学医学部）、香川医科大学（1978年・現香川大学医学部）

②指導的な技術者育成のための技術科学系大学――長岡技術科学大学（1976年）、豊橋技術科学大学（1976年）

③現職教員の研究・研修や初等教育教官育成のための大学――兵庫教育大学（1978年）、上越教育大学（1978年）、鳴門教育大学（1981年）

④学部を持たない独立大学院として設立された大学院大学――総合研究大学院大学（1988年）、北陸先端科学技術大学院大学（1990年）、奈良先端科学技術大学院大学（1991年）、政策研究大学院大学（1997年）

⑤　図書館情報大学（1979年・現筑波大学情報学群知識情報・図書館学類）、鹿屋体育大学（1981年）、放送大学（1983年）

しかし、ほとんどの単科の国立医大学は、国立大学の再編・結合により、2003年（平成15年）までに既存の国立大学に統合された。また、図書館情報大学は、筑波大学情報学群に統合された。これらの国公立大学の再編・統合の理由は、1970年代の後半以降、全国で大学紛争も下火になるとともに、政府・文部省には、「新構想大学」設立の必要性がなくなったからであった。そして、政府の膨大な財政赤字を解消するために、積極的な大学再編・統合という教育における財政支出削減策がとられた。さらに、2004年（平成16年）には、ついに政府の膨大な赤字解消策として、国公立大学が独立法人化されることになった。小渕内閣の掲げた2001年から10年間で53万人の国家公務員を25％削減する、という目標のためには、国公立大学関係者約10万人（約20％）の非公務員化は避けられず、しかも、これは絶好の削減対象であった。

1991年の大学設置基準の大綱化

文部省は、1973年（昭和48年）からの筑波大を始めとする24校の「新構想大学」を設立して、学長の権限を強大にして、教授会を無力化し、大学自治をすっかり形骸化させた。また、これらの大学では教養部も実質的に解体された。そして、最後の総仕上げとして1991年（平成3年）の「大綱化」により、既存の国公立大学の教養部を解体・廃止した。これにより、ついにすべての国公立大学で「紛争のない大学」が実現された。戦後、CIEによって、戦前のバランスを欠いた専門教育や皇国教育の反省として戦後導入された教養部は、ほとんどが廃止された。1960年代後半の学生運動の拠点となった教養部は、政府・文部省から徹底的に敵視され、ずっと廃止・解体の機会を狙われていたが、ついにその機会が訪れたのであった。それでは、「大綱化」について見ていくことにする。

1991年（平成3年）の大学審議会の答申によって、1949年（昭和24年）の大学設置基準が大幅に改訂され、「一般教育」（教養教育）が「大綱化」された。「大綱化」とは、内容を大雑把にとらえるということである。つまり、簡単に言えば、「一般教育」の基準を緩和し、各大学の自由裁量に任せるということである。これは、教育における自由化であった。主な改正点は、次の三つである。

① 一般教養の単位数を36単位から20単位へと大幅に減少
② 三つの分野（人文・社会・自然）の自由化
③ 教養部2年間ではなく、1学年から専門教育を同時並行的に行う

これにより、入学当初から専門教育が導入されて、学生は大学に入ってすぐに専門教育に組み込まれることになった。それまでの人間性を高め、広い視野を持つという、戦後にCIEが提言した一般教育の理念は失われてしまった。学生は、大学に入ってから広く読書をする余裕もなくなり、否応なく専門的な狭い枠の中に押し込められることになった。

多くの国立大学では、この「大綱化」が答申され、教養部改革を迫られたとき、この改革にすぐに飛びついたのであった。これは、主に二つの理由による。

まず、歴史的には、戦後、旧帝大が「新制大学」になったときに、教養部は、旧制高等学校、師範学校、などを寄せ集めて設立された。そのため、教養部教官の給料など待遇を

改善し、研究主体の大学にして、研究実績や研究効率を高めることがずっと検討されてきた。次に、各国公立大学では、1968年の大学紛争後に政府や文部省の要請を受けて、20年間以上も教養部廃止を含む改革が検討され、しかも、入念に準備されていたのである。そして、ついに「大綱化」により、1992年から1997年までに、全国の国立大学で教養部が廃止された。1992年（平成4年）には、京都大学、神戸大学、そして1993年（平成5年）には、東北大学などがそれに続いた。結局、教養部が廃止されず現在でも存続しているのは、東京医科歯科大学のみである。ただし、東京大学と埼玉大学には、教養学部が設立されている。

埼玉大学の教養学部は、これまでの教養部とは違って、専門課程も学ぶ4年制であり、「大綱化」の方向性に沿っていた。ただし、人文科学・社会科学と学際分野をベースにしており、自然科学や理工系を含まない。

東京大学の場合は、また事情が違ってくる。東京大学は、戦後、一般教育に関して教養部ではなく教養学部を設けており、例外扱いされた。1951年（昭和26年）に教養学部が設置され、現在も全学生が教養学部で前期課程として2年間学び、それから学部に進級することになっている。また、教養学部には、専門教育を行う後期課程（3、4年次）も用意されている。2022年度の東京大学のHPには、次のように記載されている。ここには、戦後に作られた教養学部の歴史の中で、いろいろシステムや内容の変遷はあったものの、戦前の反省として導入された基礎教育としての教養教育（リベラル・アーツ教育）を重視し、全学部の学生が共通して学ぶという方針が貫かれている。

「東京大学に入学した学生諸君は、まず目黒区駒場にある教養学部に所属し、文科・理科それぞれ3つの科類に分かれ、前期課程2年間の学生生活を送ることになる。初めの1年半は、基礎科目・総合科目・主題科目の授業を主に学習し、あとの半年は、進学が内定した学部の専門教育科目を中心に学習することになる[11]」

「大綱化」後の教養教育はうまく機能したのか

1991年の「大綱化」により、全国の国立大学で、専門科目の単位数が多くなり、教養科目の単位数が縮小し、教養教育は実質的に軽視されるようになった。この過程で、戦後の「一般教養科目」は、「教養科目」や「共通科目」という名称に変わった。そして、間もなく、教養部の廃止は、いくつかのマイナス面が指摘されるようになった。例えば、「教養科目」に責任を持つ大学内の組織自体も曖昧になり、人員も削減された。とはいえ、かつて教養部を担当した教員（２００４年の独立法人化後は、「教官」ではなく「教員」と呼ばれた）は、関連する学部の所属となり、確かに身分上は平等となった。一方で、全学的にすべての教員が一体となって取り組むという共通認識になっていたはずの「教養科目」は、従来通り、元の教養部の教員が担当するという構造が多くの大学で温存された[12]。あるいは、ほとんどの教養教育科目を非常勤講師に託す大学も出てきた[13]。

１９９８年（平成10年）には、「大学審議会」は、「21世紀の大学像と今後の改革について」を出し、「教養教育が軽視されているのではないかとの危惧がある」と問題点を指摘し、「教養教育の重視、教養教育と専門教育の有機的連携の確保」が重要になるという展望を示した。教養部廃止を強力に推進した「大学審議会」は、今度は、自らの責任を逃れ、アリバイづくりをするかのように、教養教育の重要性を、もう一度強調し始めたのである。

「大学審議会」は、教養部解体・廃止という文部省の意図した歴史的使命を果たし、２００１年（平成13年）に解散する。その前年の２０００年には「グローバル化時代に求められる高等教育の在り方について」という最後の答申を出した。その中で「教養教育の取り扱い方についての学内の議論が十分でなく、教養教育が軽視されているのではないか、あるいは、このような状況と進学率の上昇に伴う学生の能力や適性の多様化などが相まって、大学生の大学教養の低下が進んでいるのではないかとの危惧の声がある」と指摘する。これでは、まるで、教養部廃止による学生の教養の低下の責任は、「大学審議会」にあるのではなく、各国公立大学に問題があるかのように責任転嫁している。

実際のところ、教養部を廃止して、入学当初から専門教育を取り入れても、学生の学力が向上していない。むしろ大学入学してすぐに専門教育が行われることで、学力不足の学生も増えており、「補習教育」を取り入れる大学も増えてきている。[14] さらには、学生の学力や考え方も多様化する中で、入学してすぐ専門科目を履修させられることで、大学への不適応者が増えたという指摘もなされている。[15]

最後に、「日本学術会議[16]」の「二十一世紀の教養と教養教育」（２０１０年）という非常に注目すべき次のような提言を見てみる。

「学生は、正規のカリキュラムや授業科目を通じてのみ学んでいるわけではない。部活動・サークル活動や各種のイベント、ボランティア活動やアルバイト等それらの活動の場における同期生や先輩・後輩や教職員やその他との交流をはじめ、キャンパスの内外での多様な経験を通じて、仲間をつくり、他者や社会との関わりを持ち、自ら学び考え自省し、諸能力を高め、教養を養い、自己を形成している。その学びと自己形成を豊かなものとするためにも、そして、教養が、人としての生き方や世界との関わり方や市民としての社会への参加の仕方と、その根底において問われる倫理を含むものであるという点でも、このキャンパスライフ、キャンパスの内外での経験を安全で豊かなものにしていくこともまた、大学の役割として重要である」

この提言の指摘するように、教養を身につけるには、大学で教養科目の授業を受けているだけでは、二十一世紀の社会に必要な資質は身につかない、というのは妥当である。その意味では、サークル活動、ボランティア、地域での活動、アルバイトなどの活動の重要性が問い直されているのは注目に値する。もっとも、当然のことながら、自治会活動を含む学生運動も含まれるべきであろう。

サークル活動や自治会活動やボランティアは、廃止される以前の教養部では、何事にも意欲的に取り組もうとする学生の、キャンパスライフの中心を占めていた。しかし、これらの多くを決定的に奪ったのは、１９９１年の「大綱化」による教養部廃止であった。教養部を廃止した後で、約20年後にこのような提言がなされるのは、皮肉としか言いようがない。

また、アルバイトについての提言は、余りに無責任で、ユートピア的である。学生は、必ずしも教養を身につける手段としてアルバイトをしているのではない。政府の当事者負担の原則という政策によって高い授業料を払えないので、やむを得ず長時間のアルバイトを強いられているのが現状である。むしろ、政府のきわめて貧困な教育政策こそが批判されるべきであろう。

「大綱化」後のすっかり形骸化された「教養教育」が、社会的な要請に適切に応えることができず、教養部の廃止は必ずしも成功しなかった。このような「教養教育」の貧困は、ＣＩＥが戦後日本の教育へのもっとも重要な指針として示した「専門化が余りに早くまた余りに狭すぎ、そして職業的色彩が余りに強すぎる」という批判に応えていないことを意味する。中教審の「四六答申」が、教養部における学生運動の根絶を目的とするだけで、「教養教育」の大切さを全く無視したものであったとするならば、知性の衰退につながるだけであろう。

2　東北大学における教養部設立から解体への歩み

教育学部の成立と教養部

戦後の文部省の国公立大学の新制大学設置の原則は、「一府県一大学」であった。ところで、旧七帝大は、それぞれの地域性を考慮して設置されており、文部省により「総合大学」と分類された旧帝大は、この原則の例外とされた。したがって、北海道、東京、名古屋、京都、大阪、福岡には、それぞれ「『総合大学』（旧帝大）＋『一府県一大学』」が設置された。ところで、東北大学は、戦前の旧東北帝大のときから東北地方の中心的な大学として設置されていた。したがって、本来なら宮城県には、特例として「東北大学（総合大学）＋国立大学（一府県一大学」となるはずであった。しかし、文部省は、この特例は、人口300万人以上という基準を持ち出し[17]、宮城県には、例外的に「一府県一大学」の原則を適用して、東北大学以外の国立大学の設置を認めなかった。このため、旧七帝大の中でただ一つ義務教育の教員養成課程のある教育学部を持たなくてはいけなかった。これにより、東北大学の新制大学への移行は、さまざまな困難をともなうものとなった。

ここで、ＣＩＥの戦後の教育政策についてもう一度簡単に振り返るとともに、少し説明を付け加えてみたい。ＣＩＥは、戦前の師範学校が皇国教育の中心的な役割を担ったと強く批判しており、すべての師範学校を廃止させた。そのかわり、「一府県一大学」の原則で設置した各地方国立大学に必ず教育学部を設置させた。これにより、戦前は、文部省によって一元的に統制されていた教育の地方分権化をはかるとともに、民主的な教員を養成しようとした。また、戦前は、初等・中等教育の教員になるには、尋常小学校（中学1～2年）卒業後に師範学校（4年～5年在学）を卒業すればよかった。しかし、戦後は、教員の質の向上のために、原則として四年制大学卒業により義務教育の教員資格を与えるように改革したのであった。ただし、義務教育の教員を充分確保するための移行措置として、短大での教員免許取得も認められた[18]。

東北大学は、旧七帝大の中で唯一の義務教育を含めた教員養成課程を持つ教育学部を設置することになった。ところが、東北大学教育学部の受験の難易度、定員数などの問題で、宮城県は、東北大学の教育学部では、義務教育の教員を十分に確保できなかった。そのために、早急に、新たな教員養成大学を持つ必要性に迫られた。そこで、1965年（昭和40年）に、宮城県選出の愛知揆一が文部大臣に就任したときに、ついに東北大学教育学部からの教員養成課程分離が実現した。ここにおいて、県民の悲願である宮城教育大学という教員養成大学が設立されたのである。このような経過を考慮した上で、東北大学の教養部成立の歴史を見ていくことにしたい。

教養部の成立

次の322～323頁の表は、『東北大学百年史』から作成したものである。また、東北大学の歴史的な過程については、『東北大学百年史』によるものである。

東北大学は、新制大学になるとき、東北大学附属医学専門部、第二高等学校、仙台工業専門学校、宮城青年師範学校、宮城県女子専門学校を合併して設立された。そして、文・教・経・法・理・工・医・農の8学部を持つ総合大学になった。しかし、1993年に文系4学部（文・教・経・法）が川内キャンパスに移転するまではいわゆる「タコ足大学」であった。教養部は四つの地区に分かれ、教官も学生も移動が大変だった。

	第一教養部	第二教養部	第三教養部	第四教養部
1949年（昭和24） ・入学者を4分校に振り分ける。 ・総合大学として、各分校で複数学部の学生と学ばせた。	旧制第二高等学校（富沢） 文・法・理・農	旧仙台工専（南六軒丁） 経・理・工	旧宮城女子専門学校（向山） 文・法・農	旧宮城師範学校 旧宮城青年師範学校（北七番町） 教育学部 前期教養課程＋後期専門課程（3、4年）を担当した。
1950年（昭和25） 同一学部の学生をまとめた。理由は、 ①教官が各分校を回って授業を行うのが不便 ②学生間の交流も希薄	文・理・農	工	法・経	
1952年（昭和27） 文部省が教養部の統合を推進	第一教養部と第三教養部を統合した。		第一教養部に統合された。	

1957年（昭和32）	第一教養部と第二教養部を統合し、名称が**富沢分校**になった。	**北分校**に名称変更された。
1958年（昭和33）川内移転完了・2分校制	川内（進駐軍キャンプ仙台施設跡地）に移転して、**川内分校**に名称変更された。	**川内東分校**に名称変更された。
1964年（昭和39）教養部が官制化	**分校**から**教養部**となる。 ・「教養部運営委員会」が「教養部教授会」となった。 ・「教養部長」が、教養部から選出されるようになった。ただし、「教養部長」の被選挙権は、全学部にあった。	**教育学部分校**となる。教官は、後期専門課程（3、4年）も担当した。
1965年（昭和40）		宮城教育大学に分離移転した。

教養部の一般教育を主に担ったのは、旧第二高等学校、旧仙台工業専門学校、旧宮城青年師範学校、旧宮城県女子専門学校の教官であった。しかし、戦後発足した教養部は、法律上は、正式な組織として制度化されていなかった。そのため、専門教育を教える「本校」に対して、教養部は「分校」と呼ばれ、学部からは軽視された。また、教養部には、教官の人事権やカリキュラム編成権もなく、すべてにおいて学部の意向が重視された。教養部教授会もなく、「教養部運営委員会」により運営され、その中には、教養部の教官は、二名しか入っていなかった。また、教養部長は、戦後に教養部が発足して以来、文系学部の教授から任命されていた。

1964年には、前年の文部省による教養部の官制化を受けて、東北大学でも、教養部が官制化された。これにより、教養部は、今までの「分校」としての扱いから、正式に教養部となり、教養部教授会ができた。しかし、教養部長の被選挙権は、1993年に教養部が廃止されるまで、大学全体にあった。つまり、教養部の官制化後には、歴代の教養部長は、教養部の教授の中から選出されてきたものの、制度上は教養部以外の教授から選出することも可能だったのである。

1960年代後半に、教養部を中心に大学紛争の波が全国的に高まると、文部省は、大管法などを成立させ、国立大学の学長を集めて、大学改革に取り組むように圧力を強めていく。そして、国立大学協会は、政府の要望に沿って、自主規制路線を選択する。

これに対応して、東北大学でも自主的という名目での大学改革が検討されるようになる。1970年（昭和45年）には、「カリキュラム全学調査委員会」が設立された。そこで、教養部は、全学の半数の学生（約5000人）がいるのに、教官数は、全学の五分の一であり、少人数教育のためのカリキュラム改正が必要なことなどが指摘された。そして、同年4月に「大学改革検討委員会」が設立された。さらに、11月には、次の二つの委員会ができて、教養部改革に向けた本格的な検討が始まる。

①第一改革委員会

「東北大学の編成　および　研究・教育体制の改革」

②第二改革委員会

「東北大学の管理運営のあり方」

1974年3月には、この二つの委員会から「東北大学の編成　および　研究教育体制の改革に関する答申」が評議会に提出された。この段階で、教養部廃止は、全学的に明確に方向づけられていた。すでにこの答申が提出されるずっと以前に1972年学費闘争などの教養部での学生運動を弾圧して、スムーズに教養部廃止に移行しようとする大学内での意志一致が計られていたのである。なお、この答申の内容については、一般学生には明らかにされておらず、教授会の段階でとどまっていた。

この年の11月には、「第一改革委員会」内に「九・三委員会」が設置され、具体的に教養部廃止への道筋が敷かれていく。そして、処分粉砕運動の終結した3年後の1979年（昭和54年）2月には、「教養部改革の骨子」という具体的な提案が評議会に報告された。この中には、①現在の教養部を廃止し、一学部・三センターに改編する。②カリキュラムを変えて、専門教育と一般教育の区別をなくし、有機的に結合させる、などの方針が示された。

1979年には、これに対して文学部有志などからの反対運動も起こったが、大きな流れとはならなかった。とはいえ、東北大学独自では、これ以上の教養部改革は、ほとんど進展しないままに、しばらく時間が過ぎ去った。これは、ほかの国公立大学も同様の状況であった。ところが、1991年の大学審議会の「大綱化」の方針が出されると、この教養部廃止の改革案が、まさにこのときを待っていたかのように日の目を見ることになる。そして、ついに、1993年に教養部が廃止されたのである。

東北大学では、教養部の廃止後、共通科目、少人数ゼミなどの改革が行われたが、視野を広くして、社会に役立つという一般教育の理念は果たして実現されているのであろうか。

1993年の教養部解体以降は、教養部自治会の開く学生大会は1回も成立していない。学生を入学後ただちに専門教育に組み込んで管理するという体制の下で、学生の分断は確実に進んでいった。その後は、学生運動もすっかり鳴りを潜めてしまった。しかし、これにより、自由な批判精神も、人生について広く考えることも、学部の違う学生間の交流によるきわめて知的で、冒険的な刺激もなくしてしまったのではないだろうか。

3　処分粉砕運動の中で

『帝国大学の誕生〜国際比較の中での東大』（中山茂、中央公論社、1978）の中に次のような記述がある。

「明治四十年創設の東北帝大には、大正期の科学者の若手世代が参加し、そこに研究第一主義の空気の支配する新鮮な学風を作りあげた。その初期の研究水準が東京帝大のそれよりも高いことは誰しも否めないところである」

ここには、当時、文部省が法令により1893年（明治26年）に講座制を敷いたことにより、東京帝大では、明治末期には、明治アカデミズムの世代で固められ、次の世代の出番がなくなったという事情が述べられている。また、何の研究実績もなく、留学中にとったノートを読むだけだったり、研究ではなく学会制度作りに邁進しようとする、当時の東大の講座制初代教授の実態が暴露されている。そして、東大では教職につく可能性がなかった若手の実力者は、東北帝大、九州帝大、京都帝大、早稲田大などに職を求めた。特に東北帝大には、本田光太郎など多士済々が集結した。そして、東北帝大について次のような文章が続くのである。

「しかし、その『研究至上主義』というのにも問題がある。それは、裏を返せば、学生の教育にあまり精力をそそがない、ということである。……最優秀の学生はやはり東京帝大に集まり、自分たちの東北帝大には来ない、そう東京帝大出身の教授連は信じ、自分の大学での後継者育成にあまり期待をかけず、自分の研究のみ専心する傾向がみられた、というのが研究至上主義の実態の一部である」

この本が出版されたのは、１９７８年（昭和53年）である。１９７２年（昭和47年）の学費値上げ反対闘争での約１５００名の大量留年、そして、１９７５年〜１９７６年の処分粉砕闘争の直後に出版された著作である。著者の中山茂氏は、これらの大学紛争の原因を、「研究至上主義」によって、学生の教育がおろそかになった弊害だと見ているようである。しかし、これは、実情に即してみると、余りに皮相的で、短絡的な見方であろう。とはいえ、処分粉砕闘争について考えるときには、とても有効な視点を提供してくれる。では、最後に、次の三つの点について見ていくことにしよう。つまり、①〈研究第一主義について〉、②〈東大出身の教官は、学生の教育に熱心であったのか〉、③〈「研究第一主義」の弊害は、どこにあったのか〉の三つである。

①研究第一主義について

東北大学が「研究第一主義」と言われるのは、戦前に帝国大学の中でもっとも多く、十あった理系の附置（付属）研究所の存在が理由の一つであろう。この意味では、東北大学は、研究中心型の大学であった。ちなみに、戦前は、東京大学は、六つ（文系1、理系5）京都大学は五つ（文系1、理系4）の附置研究所が設置されていた。[19] これらの附置研究所では、教授は、学生に対して講義などの教育活動を一切することなく、自分の研究に集中できた。例えば、ここでKS磁石鋼を発明した本多光太郎の例を見てみよう。

本多光太郎は、東京帝大の学生時代は、長岡半太郎の弟子で、ドイツに4年間留学した。1911年（明治44年）に帰国し、そのまま東北帝国大学教授として赴任する。1916年（大正5年）には、臨時理化学研究所第二部を設立し、KS磁石鋼を発明して世界的な成果を挙げた。その後、1922年（大正11年）には、この研究所を金属材料研究所（通称「金研」）と改名して、独立の附置研究所を設立した。初期には、この金属材料研究所は、産業界との結びつきにより、寄付などを集めて主な研究予算とした。第二次世界大戦末期の1945年（昭和20年）には、政府からも多額の予算がつき、教授17名、助教授27名、助手77名・技官3名・事務官4名・雇員傭人103名、職員総数231名の附置研究所になった。ここで注目すべきは、大学の講座制（教授――助教授――助手）の下ではとても配置することが不可能な教授・助教授・助手の数の多さである。ちなみに、1942年（昭和17年）には、金属材料研究所の最初の教授会が開かれている。

本多光太郎の金属材料研究所を嚆矢《こうし》として、その後、東北帝大には、農学研究所（1939年）、選鉱製錬研究所（1941年）、抗酸菌病研究所（1941年）、科学計測研究所（1943年）、高速力学研究所（1943年）、航空医学研究所（1943年）、非水溶液化学研究所（1944年）、電気通信研究所（1944年）、硝子研究所（1945年）が次々と設立された。この頃には、国策に沿った研究以外は国の予算が下りないようになった。東北大学のみならず、全国の国立大学でも科学動員され、すべての人的・社会的資源が第二次世界大戦遂行のために集中された。

東北大学は、十ある附置研究所の多さからも「研究第一主義」の大学と言われた。ところで、現在も東北大学の全学的なモットーとなっている「研究第一主義」は、いつ頃から言われるようになったのだろうか。

東北大学は、1911年（明治44年）に「東北帝国大学理科大学」として、最初は、理科系の大学として設立された。初代の澤柳政太郎総長は、入学式で「学術の研究に重きを置くは大学としての特色」であると述べ、これが「研究第一主義」の始まりだとされてきた。

金属材料研究所の所長だった本多光太郎は、1931年（昭和6年）に、第6代東北帝大総長に就任し、3期9年間在任した。そして、1940年（昭和15年）の「新旧両総長ノ送迎式」の中で「研究第一主義」に触れて、次のように述べる。

「大学として研究上最も必要なる四つの研究所、即ち金研、通研、農研、鉱研等が設立せられ、『研究第一』主義たる本学の特徴が益々発揮されて来ましたことは真に慶賀に堪えませぬ」

この時期の「研究第一主義」は、金属材料研究所・電気通信研究所・農学研究所・選鉱製錬研究所という四つの附置研究所の存在、専門雑誌の出版など、教官の研究活動に関係づけて使われていた[20]。附置研究所は、研究中心であり、学生を身近で指導することはない。したがって、大学のもう一つの大切な使命である教育活動については、言及されていない。

東北大学で「研究第一主義」という理念が大学全体ではっきりと出てくるのは、昭和30

年代であった。例えば、黒川利雄学長は、1958年（昭和33年）4月の入学式では、次のように述べている。

「研究第一主義とは、真理の探究を第一とすることであって、歴代の教授諸氏によって輝かしい多数の業績が続々として発表されている。然しことは研究に偏重して子弟教育を省みないというのではなく、研究の成果がすなわち学生の教育に効果を培うものとしての研究第一である」

ここでは、ようやく研究の成果が学生の教育に効果をもたらすという意味をこめて「研究第一主義」が使われている。ここにきて、学生に対しての教育という視点が出てきた。「研究第一主義」という、どこの大学にもあり、その内容がやや曖昧な理念については、その後もさまざまな変遷がありつつも、「門戸開放」「実学尊重」と並ぶ東北大学の理念となった。しかし、もっとも大切なことは、「研究第一主義」が、教官の立場からだけではなく、どのぐらい学生の立場に立って考えられているか、という点である。「研究第一主義」がどのように学生の教育に具体的に生かされていたのか、という問いこそがなされなければならない。

②東大出身の教官は、学生の教育に熱心であったかどうか

中山茂氏の著書にある東大出身の教授が、東北大学の学生には期待できなかったので、学生の教育ではなく自分の研究に専心したのが「研究第一主義」の実態である、という指摘についてである。これは、実態とはかなり違っていると思われる。東京帝大出身で大正時代末期から終戦直後まで在職した小宮豊隆、阿部次郎に始まり、次に挙げる教官の例を見ても、東北大学において、研究のみならず、教育者としてもその使命をむしろ精力的に果たしてきたようにも思える。とはいえ、東大出身の教官の「研究第一主義」が１９６９年の大学立法粉砕闘争、１９７２年の学費闘争、１９７５年の処分粉砕闘争になんらかの影響を与えたのかどうか、についてさらに検証してみる必要性があるだろう。１９７２年以前については検証作業ができないので、ここでは、１９７５年から１９７６年の処分粉砕闘争の当時に在職していて、私が身近に接する機会があった教養部・文学部の３名の東大出身の教官の例を中心に挙げてみることにする。

まず、大内秀明（経済学）教授は、講義のみならず、私たちのサークル「社会経済研究会」（通称「社経研」）の顧問としても、熱心にチューターをしてくれて、『資本論』の内容の理解を助けてくれた。さらに、処分粉砕闘争の終息期には、1972年からの反動教官のヘゲモニーの下にあった教養部を変革するのに重要な役割を担った。

教養部長の就任直後に行われた「大内秀明新部長に聞く」（『東北大学新聞』1976年10月15日付）というインタビューで次のように答えている。

「10月5日の教養部教授会で退学処分者2名の『再入学』という方向が決ったそうですが、この処置はこの一年に渡る教養部当局の対応自体の自己批判ではないのか」

「教育的処分である以上、いくら退学だからといって永久追放ということではなく、あくまで教育責任をもって対処するというのが私の基本的な考え方です」

「これまで、後期試験の折りなど幾度も機動隊が導入され、県警との『39項目密約』について学生の間で取りざたされているが、これについてはどう考えますか」

「1972年以来、教養部教授会としては、具体的に確認していません。警察力に依存して何でも力で解決しようとすることの無意味さは、この間示されている通りです。

その反省の上で対処するということになるんじゃありませんか」

教養部長として学生の意見にも慎重に耳を傾けつつ、無期停学・退学などの処分解除の方向性を決定づけた。それまで、東北大学の学則にはなかった、退学者を復学させる手続きを検討するなど、処分粉砕運動の最終局面で積極的な役割を担った。また、その後は、「東北大学新聞社」の顧問となって、学生のサークル活動にも積極的に関わった。

次に、辻惟雄《のぶお》助教授（美学）は、１９７１年から約10年間、東洋・日本美術史研究室で日本美術史を学ぶ学生、院生を教えた。すでに１９７０年に、若冲や曽我蕭白などに初めて焦点をあてた『奇想の系譜――又兵衛‐国芳』（美術出版社）を出版していた。ただし、印税は、すべて東大全共闘の負傷者救援にカンパして、[21]東大に残りづらくなったこともあり、仙台に東北大助教授として赴任してきた。さて、仙台時代を振り返って、「わが道」（『日本経済新聞』２０２１年１月25日朝刊）の中で、当時のことを次のように楽しそうに語っている。

仙台は自然に恵まれ、人気《じんき》も穏やかで実に住みよい。冬が寒いのが玉にきずだが、近場で大好きなスキーができるし、いい温泉もたくさんある。魚も日本酒もとてもうまい。学内の雰囲気ものんきで私の性に合っていた。夕方になると、あちこちの研究室から学生が作るシチュー、おでん、豚汁、カレーの匂いが漂ってくる。新政《あらまさ》の二級酒を酌みながら若者たちと談論風発するのは愉快だった。

最後に、吉岡昭彦（西洋史）教授は、東大時代には、講座派の経済史学家の大塚久雄の初期の弟子であった。処分紛争闘争時代には、吉岡教授は、金谷治（中国哲学）教授の後を継いで、文学部長になった。当時は、処分粉砕闘争は、すでに退学者や無期停学者の処分が解除されて、収束局面に入ろうとしていた。

ちなみに、この当時は、1968年東大全共闘の時代にアジ演説が巧みで「ゲッペルス」（ナチス宣伝相）とあだ名された加藤尚武（倫理学）助教授も在職していた。ヘーゲルの専門家で、『東北大学新聞』に寄稿したり、学生が企画したヘーゲル学者の長谷川宏氏（東大全共闘時代の仲間）の講演会などの打ち上げなどには参加したりしていたが、まだ表面に出ては来なかった。というのも、吉岡教授は安保世代で、安保闘争の頃は30代後半であったが、加藤助教授は、次の全共闘世代だったからである。

学内は、処分粉砕闘争は一区切りしたものの、まだしばらく騒然とした状態が続いていた。このような状況では、政治力と決断力のある文学部長でなければ困難を乗り切れない、という文学部教授会の判断もあって、吉岡文学部長が登場してきた。

1977年5月中旬には、文学部自治会と全C連は、2年後の1979年に導入される共通一次試験[22]に抗議して、文学部長室を占拠した。この頃には、文学部自治会は、実質的には、4月に教養部から進学してきた全C連のメンバーが活動の中心を担っていた。ところで、大学側は、2年後の1979年から実施予定の共通一次試験の利点を次のように三つほど上げていた。

①一発勝負の是正になる。

一次試験の失敗を二次試験でカバーできる。

②高校教育を正常化する。

基礎レベルで試験すれば、高校の大学予備校化のような弊害はなくなる。

③一期校と二期校の格差を是正する。

一期校（3月上旬試験）には、旧帝大など有力な大学が多く、二期校（3月下旬試験）には、地方国立大学が多かった。しかし、二次試験の入試期日を同じにすることにより、格差が是正される。

しかし、学生側は、全国の国立大学が共通試験の点数により序列化される。また、二次試験は、難問・奇問が残ったままで変わらない。これは、政府・文部省が自主規制路線の国立大学協会を使って、中教審答申に沿って、全国的な教育再編を目指し、国立大学への管理を徹底させるためのものだと批判していた。

さて、このとき吉岡文学部長は、あらかじめこれを予想していたかのように、冷静で、きわめて平然とした対応をした。そして、文部省に報告されたときに、文学部長室占拠という口実を与えないように、昼間は普段通り教室で講義をし、夜になると、文学部長室に、事務方に用意してもらった布団で泊まっていた。そんなとき、文学部長室を占拠している学生にも、気軽な様子で対応していた。

「先生、文学部長になった感想はいかがですか」

「きみたち、私は、こんなこと（文学部長）を2、3年していたら、雑用が多すぎて、研究者としては干上がってしまいますよ。ところで、私は、これから睡眠薬を飲むけれどもきみたちもつきあわないか」

「そんな睡眠薬ならつきあいますよ」

彼は、学生とこのような受け答えをし、酒を酌み交わしながら、少しずつコミュニケーションをとって、なんとか緊張した雰囲気を和らげようとしていた。その後、しばらくして「では、私はそろそろ寝ますよ」などと言って、ユーモラスにストリップのまねをして、衣服を一枚ずつ脱ぎながら、布団に入ってしまった。

この頃、学生から「裏ジャック」（裏の実力者）などとあだ名された西田秀輔（美学）教授は、何とか事態を収束路線に持っていこうとしていた。彼は、阿部次郎を慕って東北大学で学んだ[23]生え抜きであり、カンディンスキーの奥さんと知己で、この分野の研究の第一人者であった。西田教授は、文学部教授会で、隠然たる影響力を持っていた。彼は、吉岡文学部長を裏方で支えようとして、学生の耳もとに「きみたちの要求は何ですか。私がなんでも教授会や文学部長に取りついでおきますよ」などとささやいてきた。しかし、文学部長の立場として「共通一次試験導入反対」の声明や上申書を、文部省や学長に上申することは不可能であった。文学部長室で、1か月くらい学生側との膠着状態が続いたものの、まもなく私たちの学部長室占拠は終了することになった。

もっとも、別な東大出身の教官の例もある。当時、教養部にはフランス留学から帰ってきたばかりのO助教授がいた。彼は、バルザックなどの研究で、新進気鋭のフランス文学研究者であった。当時、私の所属していた言語学科のK助教授が研究室に訪ねていった。

「O君は、けしからんことに、いつ研究室を訪ねてもいない。東京の方がマスコミ関係者と出会えるので、どうやらこちらには、講義以外は来ないらしい」

このO助教授は、3年ぐらい在職して、間もなく東京学芸大に転任していったのだった。

③「研究第一主義」の弊害は、どこにあったか

「研究第一主義」の弊害は、東大出身の教官ではなく、むしろ、東北大学出身の数学科を

中心とする反動教官に歪んだ形で表れていた。そもそも大学教員には、研究者と教育者という二つの分かちがたい側面がある。しかし、反動教官は、自らの研究者としての側面を全面的に肯定しつつ、もう一方の教育者としての側面を、まるで免罪符があるかのように見事に捨象していたのである。もっとも、「研究第一主義」は、東北大学設置当初から理念としては掲げられていても、当時は、必ずしも大学全体で共有されていたわけではなかった。これが具体的に取り上げられるのは、学長の入学式告辞や「教養部報」などの広報に載せられるときぐらいであった。その中で、反動教官によって「一革」による教養部解体を目指したり、学生運動を弾圧しようとする、悪い意味での学生弾圧のイデオロギーとして具現化されたのである。その意味では、「研究第一主義」は、反動教官による教育者としてのモラルの退廃による、退学や無期停を含む政治的な処分、学生に対する告訴路線などの恰好の言い訳（隠れ蓑）になったといえるだろう。

さらに、別な視点から見るならば、政府による大管法というダモクレスの剣の下で、当事者能力を失って、大学の自治や大学人としての矜持を失った大学当局の言い逃れでもあった。「大管法」によって、紛争大学に指定されると、文部省への報告義務が生じ、場合によっては、文部省から休校や廃校などを命令される。約3年ごとに頻発した東北大学教養部での大学紛争を終結させ、教養部としての統治能力を示すためには、「研究第一主義」を標榜して、学生運動を弾圧し、教養部解体を推し進めることが必要だったのである。

学生から見れば「一革」による教養部廃止の答申の内容は、「専門教育の入学当初からの導入」や「少人数の授業」など、一見すると反対しにくい提案である。しかし、ここに隠れた意図は、学生を分断化し、専門教育にしばりつけ、学生の管理を強化しようとすることであった。これは、東北大学の教養部改革が、1968年の大学紛争後からずっと大学内で検討されてきた経過からもわかるのである。まさにこれは、文部省の圧力を受けて自主規制路線にかじを切った国立大学協会の巧妙な学生管理の一環でもあった。大学の自治という体面を対外的には守りつつ、文部省から分配される大学の予算を確保し、研究実績を挙げようとする大学当局の都合によい改革路線なのであった。そこでは、学生全体の教育に対する配慮はきわめて形式的なものであった。

〈なぜ教養部が必要なのか〉

ここでは、制度としての教養部の必要性を一般的に論ずるのではなくて、私の個人的な経験をもとに述べてみたい。というのも、学生側の視点から教養部の必要性や問題点についてまとめられた論文などは、これまで見たことがないからである。

高校生までの勉強は、文科省の指導要領などで決められた教科の内容を、多かれ少なかれ半ば強制的に学ばせられるだけである。この意味では、最近、主流となっている「アクティブ・ラーニング[24]」による社会的に深い学びなどが提唱されても、実態はそう変わらない。きわめて限られた範囲の中での学びであり、何をどのように学ぶか、という基本的な問いがなされていないからである。そもそも、学ぶということは、社会を批判的に見ることであり、そこから問題意識が深化しなければ本当の学びにはならないだろう。ところが、実際は、ある意味でアクティブ・ラーニングは、現状を肯定的に受け入れ、社会的・政治的に中立的であることが要求されているかのようである。文科省はアクティブ・ラーニングにより、学生が社会批判へと向かうことを恐れているかのようである。しかし、本当の学びは、現代社会を根本的に批判して、その本質的な矛盾に気づき、新しいパラダイムを見つけることにあるだろう。

この意味では、大学に入って、始めて自分で積極的にテーマを見つけて、自主的な勉強ができるようになるといえる。高校までの受動的で、半ば強制的な勉強から自由になり、自分で選んだテーマで、自由に、幅広く、自分の視野を伸ばすことができる。ただし、そのためには、大学に入ってからも、比較的自由で、時間的に余裕のあることが必要条件になる。１９９３年の教養部廃止までは、2年生になって専門的な内容も入ってくるものの、２年間の教養部がとても貴重な経験の場であった。この中で、大学の講義後や、街のカフェなどで友人とだべったり、クラスでコンパをやったり、他学部の学生といっしょにサークル活動に熱中したり、自分で新しいサークルを立ち上げたりすることもできた。私たちは、自由で、自主的な活動をすることで、自分のやりたいことの視野を広めたり、友人との対話の中で問題意識を深める貴重な機会と時間を持つことができた。これにより、自分の中から自主的に芽生えたテーマをじっくり考え、それを専門課程に生かすこともできた。もちろん、学生の中には、大学に入学する前から自分がやるべきテーマがすでに決まっている学生もいると思う。しかし、もう一度、大学に入ってから教養部の間に自分なりに幅広く勉強して、視野を広めておくことはとても有意義である。

とはいえ、多くの場合、大学で自分のやりたいことがそのままできるわけではなく、専門の教官が必ずしもいるわけではないことがむしろ多いのである。自分が見つけたテーマは、やはり自分独自のものであり、担当の教官にアドバイスなどは受けながらも、自分で手探りして追求していかなくてはいけないのである。学生は、それまでの社会へのアプローチや問題意識からテーマを見つけてくるのであり、担当の教官と専門が全く同じように重なるわけがないのである。

ところで、教養部が廃止され、大学に入ってすぐ1年生から専門科目が入ってくると、たちまち専門課程に組み込まれることになる。本来の一般教育に期待された広い視野を持つ余裕もなく、専門教育の狭い領域の中で、人間関係も専攻の研究室や学部の中に偏りがちになり、読書の範囲もいつの間にか専門科目中心となる。また、学生は、他の専攻や学部の学生から完全に分断されることになってしまうだろう。

ここで、最後に『遺産相続者たち――学生と文化』[25]（ブルデュー&パスロン、1997）による「受動性」、「非現実的な存在」という二つの言葉をヒントにして、社会における学生という存在を考えてみたい。P・ブルデューは、『ディスタンクシオン』（1990）などにより、社会の階級制を鋭く追及したフランスの社会学者である。

第一に、「受動性」について考えてみたい。学生は、二重の意味において受動的である。まず、高校まではカリキュラムに沿って半ば強制的に勉強させられてきたという意味で受動的である。大学に入るまでは、これからの社会の期待される構成員となるべく、社会一般に広く受け入れられた規範的な知識を吸収することに集中させられてきた。それは、いわゆる受験勉強にもっとも象徴されるものである。例えば、一つだけ私の経験を挙げてみよう。意外かもしれないが、他の教科と比べて、比較的自由な考え方が許されそうな国語についてである。

私は、国語は苦手な科目ではなかったが、国語の入試問題を解くことは必ずしも得意ではなかった。というのも、かなり問題慣れしなければ解けないからである。国語の入試問題をやるということは、あたかも文芸学をやるかのようであった。つまり、絶えず「客観的に見たらどうなるか」という問いを自分に突き付けるということであった。ある文章について自分がどう感じるかではなく、いつでも客観的なものの見方を強いられるのである。国語の受験問題を解くということは、絶えず、半ば無意識に、このような思考方法に慣れるということであった。何事につけ、このような受動的で、客観的な見方の罠から逃れるには、大学に入って、主体的に学ぶ自由な時間が必要である。とはいえ、決して客観的な見方を学ぶのが悪いというわけではない。しかし、高校から大学受験を経験する中で、無意識的に身につけてしまった、このような構造化された認識のパターンに気づき、本当の知のあり方を問い直すには、自由な時間や友人などとの対話を通しての発見が必要なのである。

次に、大学に入っても、学生は、大学というシステムそれ自体により受動的な存在である。というのも、P・ブルデューによれば、「知的活動の新米である彼ら（学生たち）は、……知識人志願者で……自分の置かれている立場の論理において再解釈された知識人階級のモデルに従って」生きるからである。つまり、「学生たちは、もっとも思想と人生の指導者を求めているのである。すなわち、教授集団の中にこうしたモデルを見出すのである」[26]。学生は、大学のアカデミズムに対して、何らかの希望と期待を持って入ってくる。その中で、いつの間にかその価値観を無批判に受け入れ、本当に自分のやりたいことが何か、という問いを見つけることもなく、大学というシステムの流れの中に組み入れられてしまう可能性がある。大学に入学してすぐに専門科目が入ってくるということは、将来に対する視野を早急に狭めることでもある。社会というコンテクストの中で自分を問い直し、何のために、だれのために学問をするのか、という大切な問いを発するのを失うことでもある。

第二に、「非現実性」についてである。学生は、社会の中できわめて「非現実的」な存在でもある。つまり、近い将来つくであろう職業のために準備している段階であり、「自分とは何であるのか、自分にはどれほど価値があるのか、と絶えず自問せずにはいられない」[27]存在でもある。

私はこれを書くために、大学時代の日記をもう一度読み直してみた。もしかしたら、当時の処分粉砕闘争についての詳細な記述が見つかるかもしれないと思ったのである。しかし、残念ながら、すべて合わせても1ページ分ぐらいしかそれに関連する記述を見つけられなかった。実は、これには、理由があった。処分粉砕闘争についての詳細な記述や仲間との行動を日記に記してしまうと、これが友人たちの逮捕の理由になる危険性があった。万が一にも、街頭デモなどで自分が逮捕され、家宅捜索などを受けると、日記が有力な証拠となり、自分ばかりか仲間さえも逮捕されるような危険にさらすことになる。そのため、日記には、処分闘争のことについてはできるだけ記述を控え、せいぜい数行記すぐらいであった。そのかわりに、私の日記を埋めていたのは、「自分とは、何なのか」という問いであった。大学で仲間と会い、サークル活動をしたり、全C連のフラクションに参加したり、デモをしたりするときには自分が何なのか、という問いをあまり発することなく日常が過ぎていった。しかし、仲間から離れて下宿で一人になり、処分粉砕闘争の行方や打開の方向が見出せずエアポケットに陥るときには、「自分とは、何なのか」という問いに、いつの間にか何度も襲われた。学生という「非現実的」な身分である限り、そして、学生は「何者かにならなくてはいけない」[28]という思いに取りつかれているゆえに、いつでも自らに問わざるを得ない問いでもあった。そして、このような問いを、友人やサークルの仲間や大学内外でのさまざまな経験・交流などを通して考え、自由に、広い視野を身につけるのが教養部という場所でもあったはずである。その中で、それまでは、教育というシステムそれ自体によって受動的だった自分という存在を、主体的に選択する存在へと変えていく契機となったはずである。

〈教養部は、私たちの疾風怒濤の時代であった〉

私たちは、教養部というカオスとエネルギーに満ちた2年間を過ごすことによって、大学生として専門教育を受けるためにも精神的な成長をすることができた。

ここで最後に、教養部で社会学を長く教え、その後、教養部廃止とともに学部に配置された細谷昴教授の教養部の教官時代の思い出を見てみたい。

細谷昴（社会学・情報科学研究科）東北大学教授は、「曙光《しょこう》」（『東北大学全学教育広報誌』・

№5　1998・4・1）の中で「教養部で過ごしてきて今想うこと」という題で次のように書いている。ちなみに、「曙光」という「東北大学全学教育広報誌」は、かつての「教養部報」が教養部廃止にともなって、内容と形式を変えたものである。「曙光」という名前は、当時の西澤潤一総長が名付けたもので、これが書かれた1998年（平成10年）といえば、東北大学で教養部が廃止されてから5年後である。

私はわりに「コンパ教師」でした。クラス担任になると、最初の顔合わせの時に、最初だけ天下りでやるからと宣言してクラス・コンパの幹事を任命するのが常でした。仙台出身の学生に割り当てるのです。むろん2回目以降は自主性にまかせましたが、そうすると、2回、3回と、そのクラスでは教養部時代を通じてコンパが続くことが多かったようです。別なクラスですが、あの「大量留年」の結果になった期末試験ボイコットの時、ひるま検問に立っている私をさんざんののしった学生たちが、夜になると三々五々わが家にやってきて、酒を酌み交わしたこともありました。そういうときは、不思議なもので「両派」とも仲良く（?）やってくるのでした。（筆者注：「両派」とは、全共闘系の学生と民青系の学生のことである）

多くの大学生は、4月には大学で高度な専門教育を受けることに、胸を躍らせて入学してくる。しかし、専門教育に乗り出す前に、実は、学生がスムーズに専門教育に入る準備段階として必要なものがあるだろう。とはいっても、それは一見すれば学問をやるには必要なさそうなものでもある。例えば、「友情」「対話」「居場所」であろう。これは、広い意味での教養とも言えるのではないだろうか。高校時代までは、行動範囲も比較的狭く、保護者である親の厳重な保護のもとにあり、精神的にもかなり受動的だったはずである。それゆえ、今までの殻を破り、大学という新しい状況に適応し、精神的な成熟に必要なものでもある。ここには、決定的といえないまでも、高校時代とはかなりの断絶がある。かつて、ある教授は「大学生活をうまく過ごすためには、友人と酒と本があればよい」と言っていたが、至言とも言えるだろう。かつての教養部が持っていたとてつもないカオスとエネルギーに満ちたケミストリーこそが大学生活には必要であろう。確かに、かつての教養部は、ほとんどの大学で廃止されてしまった。しかし、かつての教養部にあったさまざまな長所をもう一度見直し、専門教育という陥穽にはまることなく、自分の知性と時代の感性を磨くことが求められるだろう。

最近、いくつかの大学では、教養教育に積極的に取り組む姿勢も見受けられるようである。しかし、大学がいくら充実した教養教育のシステムを用意しても、それを生かすのは人間である。学生の根源的な欲求に応える自主的な場の必要性は、むしろさらに高まっているのである。

注釈1～28

1　「大学審議会」（1987～2001年、初代会長：石川忠雄、慶應義塾塾長）は、文部省の審議会で、大学政策を本格的に扱う初めての諮問機関で、文部大臣に勧告できるなど大きな権限を持っていた。

2　「デカンショデカンショで半年暮らす。あとの半年寝て暮らす」このデカンショ節なる歌を旧制高等学校の学生たちが愛唱していたことはよく知られている。もともと丹波篠山民謡で、「デカンショ」の元来の意味については諸説あるようだ。しかし、学生たちにとっては、それはデカルト、カント、ショーペンハウエルの三哲学者のことであり、この歌は彼らの学問的情熱と自負が託された歌である。彼らは「哲学書は必読書」という意識を持っていたのであり、その心は、何をやるにせよ自分にとって最も本質的なことに精力を傾注したいという渇望であっただろう。他方、「あとの半年寝て暮らす」というくだりには、本質を究めることさえ忘れなければしゃちほこばって生活する必要はないという、自由の気風が感じられるのである。（「『デカンショ』によせて」、高橋克也・埼玉大学教養学部准教授［図書館と県民のつどい埼玉2009］展示説明）

3　『日本的教養（2）：教養教育をめぐって』田中文憲、奈良大学紀要Vol.43、2015
4　『新制大学の誕生　上下』天野郁夫、名古屋大学出版会、2016
5　『東京大学第二工学部』今岡和彦、講談社、1987
6　『東京大学第二工学部――なぜ、9年間で消えたのか』中野明、祥伝社、2015
7　文部科学省HP『三 新制大学の発足』https://www.mext.go.jp/b_menu/hakusho/html/others/detail/1317752.htm
8　「国立大学協会」1950年に会員70大学で設立された。各国立大学の自主的な団体ではあるが、しばしば文部省よりの自主規制路線が学生から批判されてきた。現在は、国立大学法人化にともなって、一般社団法人「国立大学協会」となっている。
9　『筑波大学――新構想は何をもたらしたか』長須祥行、現代評論社、1980
10　『筑波大学――〝開かれた大学〟の実態』降旗節雄、三一書房、1983
11　東京大学HP（2022年度）
12　『国立大学における教養部の解体：共通・教養教育の在り方をめぐって』冠野文、大阪大学大学院人間科学研究科紀要Vol.27、2001
13　『教育制度の変遷からみた教育課程の変容に関する一考察：大綱化前後における教養教育を中心に』三和義武、学び舎Vol.5、2010
14　「大学における共通教育の在り方」『一貫連携教育研究所紀要』第1号、樋口勝一、梅村修、下川邦泰、村上亨、2015
15　『大学設置基準大綱化後の共通（教養）教育のかかえる問題』林正人、大阪工業大学紀要人文社会篇Vol.48 No.2、2003

16「日本学術会議」1949年1月設立。内閣総理大臣が所轄し、その経費は国の予算で負担される。ただし、その活動は「日本学術会議法」により、政府から独立して行われることが規定されている。「科学に関する重要事項を審議し、その実現を図ること」「科学に関する研究の連絡を図り、その能率を向上させること」を設立目的としている。

17『新制大学の誕生　上下』天野郁夫、名古屋大学出版会、2016

18『新制大学の誕生　上下』天野郁夫、名古屋大学出版会、2016

19『新制大学の誕生　上下』天野郁夫、名古屋大学出版会、2016

20『東北大学百年史』

21『奇想の発見：ある美術史家の回想』辻惟雄、新潮社、2014

22「共通一次試験」1979年1月13日、14日に第一回が行われた。目的は、一期校、二期校という国立大学の格差、差別をなくし、受験生の基礎学力を判定するものであった。しかし、これにより、全国の国公立大学の序列化が急速に進んだ。その後1989年まで11年間行われた。1990年からは、「大学入試センター試験」、2021年には、「大学入学共通テスト」となった。最初は、国公立大学と慶應義塾大学だけが参加していた。しかし、「大学入試センター試験」からは、政府からの強い要請もあり、多くの私立大学が英数国3科目のみのアラカルト入試などで参加するようになった。

23『奇想の発見：ある美術史家の回想』辻惟雄、新潮社、2014

24「アクティブ・ラーニング」は、中央教育審議会「新たな未来を築くための大学教育の質的転換に向けて」（2012年）から登場する。「講義一辺倒の授業の脱却」、「主体的な学び」、「学習の社会化」を目的として導入された。1990年代のアメリカで、大学の大衆化、多様化に対応して、新しい教育実践として提唱された。

25 『遺産相続者たち――学生と文化』ピエール・ブルデュー、ジャン＝クロード・パスロン、石井洋二郎監訳、藤原書店、1997

ピエール・ブルデューは、フランスの社会学者で、文化的再生産の階級的な差異を理論化した。彼の著書には、『ディスタンクシオン』(1990)『資本主義のハビトゥス』(1993)『ホモ・アカデミクス』(1997)(いずれも藤原書店)などがある。

ジャン＝クロード・パスロンは、同じくフランスの社会学者である。ピエール・ブルデューとの共著は、『再生産』(藤原書店)も出版されている。

26 『遺産相続者たち――学生と文化』ピエール・ブルデュー、ジャン＝クロード・パスロン、石井洋二郎監訳、藤原書店、1997

27 『遺産相続者たち――学生と文化』ピエール・ブルデュー、ジャン＝クロード・パスロン、石井洋二郎監訳、藤原書店、1997

28 『遺産相続者たち――学生と文化』ピエール・ブルデュー、ジャン＝クロード・パスロン、石井洋二郎監訳、藤原書店、1997

エピローグ

文学部の談話室で

処分粉砕闘争がひと区切りした頃に、私たちは、文学部自治会の仲間で今後の展望について話し合う機会があった。当時の文学部自治会室の隣には、余りに殺風景だとはいえ、だれでも気軽に座れる談話室があり、そこにソファーが置いてあった。私たちは、すでに講義も終わって学生の姿もほとんど見かけなくなった談話室で、どこからともなく話し合いを持つことになった。特にだれが切り出すということもなく、現在の状況やこれからの展望について話し合いを始めた。

「この間の処分粉砕闘争の中で、私たちとセクトとの関係もいろいろあった。そして、その限界性も見えてきた気がする。セクトの役割とは、いったい何だろうか」

「もう白ヘルとか青ヘルとか赤ヘルとか含めて、1970年の安保闘争あたりで役目は終わっている。もしかしたら、彼らの組織もすでに解散した方がいいのかもしれない。彼らの機関誌を見ても、見出しや内容も含めて、『プロレス新聞』と言う人もいる。例えば、『私たちがキャンパスに登場すると、○○派は、まるでクモの子を散らすように逃げ去った』とか、とても威勢はいいけど、どこかコミックじみていて、実際は全く不透明な状況を、余りに単純な構図にしようとしすぎる気がする」

「でも、組織は必要なんじゃないかな。というのも、1960年の安保闘争からの教訓は、次の二つに集約されるのじゃないかな。つまり、『組織』と『身体としての政治』だと思う。当時の『べ平連』のように、言論や選挙だけではなく、街頭での直接的なデモで世の中を変えるという、直接民主主義的なアプローチは非常に大切だと思う。また、『組織』がなければ、いざというときに戦えない。さらには、日常的に組織としての政治活動がなければ、世の中の状況は変わらない。つまり、組織としての前衛がないと、やはり革命的な状況は、生まれないだろう」

「ところで、どういうときに革命的な状況が生まれるんだい」

「それは、フランス革命みたいに、支配者層が分裂したときに可能性がある」

「すると、現状では、なかなかありえないということかな。ところで、M・O君。きみの党派は、いざというときに、革命軍などは用意してあるのかい」

「当たり前だろう。それぐらい用意してあるさ。といっても、実は、『用意してある』とも、『用意してない』とも俺からは言えないところだ」

「世の中を変えるためには、やはり、日常的に活動する組織の必要性は認める。しかし、どの組織も、一度できてしまうと暴走してしまうところがある。そして、自分たちの組織を発展させるために、外部にわかりやすい敵をつくり、運動の推進力にしようとしたりする」

「やはり、現在の新左翼の状況は、内ゲバなどを見ても、行き詰まっている気がする。でも、どうしたらこれを乗り越えられるのだろうか」

「わたしたちは、すべての世の中を変えようとする運動に、もっと柔軟性が必要だと思う。もし、何か重要な社会的問題が起こったら、問題意識を持った仲間が結集して前衛となる。そして、いったん問題が解決したら、その時点で前衛は解散し、再び市民生活に戻る。その過程で、大衆運動が、逆に前衛を乗り越えていくこともありえる。このような運動のあり方を求めることが必要だと思う。その中で、それまで抑圧されてきたいろいろな人々が出会って、お互いに刺激的に交流して、新たに祝祭的な空間や文化的なうねりも生まれる可能性がある」

それまで非常にうまく行っていた集団から抜け出すということは、とても難しい。人間は、「類的存在」（カール・マルクス）でもある。心理学的にも、「集団欲」は、人間の基本的な欲求の一つである。私たちは、処分粉砕闘争の区切りがついたとき、次に、どこに活動の場を求めようとするのか、ということを考えなければならない時期に来ていた。これまでの自由で、「非現実的な存在」（P・ブルデュー）でもあった学生生活から、個人によって程度の差はあれ、何らかの社会的な責任を背負って、生活の場へと航路を向けていかなくてはいけない。

私たちの何人かの仲間は、東北大処分粉砕闘争が終わった後、さらに新しい運動を求めて仙台を去った。あるものは、大学院に入ったりして、そのまま大学に残った。また、あるものは、留年して次の方向性を考えようとした。そして、私たち文学部自治会の仲間は、いったん運動から離れて、生活の場からそれぞれ運動の可能性を考えることを選択したのだった。

さて、1年半近く続いた処分粉砕闘争は、ここで一区切りがつき、退学・無期停学などの処分はすべて解除された。多くの学生たちが大学当局に対して異議申し立てをし、学生大会やデモに参加した。このような大衆運動のマグマのような大きなうねりがなければ、最終的に処分が解除されることはありえなかった。そして、ここでもう一つ忘れてならないことがある。それは、１９７２年の学費闘争から引き継がれた遺産が、いろいろな側面で残っていたことである。当時の被処分者、活動家、後期試験をボイコットした学生たちがまだ残っていた。私たちは、学生大会での戦い方、大学当局との折衝のしかた、救対（救援対策）などいろいろな面で、とりわけ意識することもなく、１９７２年の遺産をスムーズに受け継ぐことができた。これについては、１９７２年学費闘争の被告団の、私たち次世代へのやり場のない無念さを秘めた呼びかけを引用しておきたい。

「あの斗いの中で提出され、今も更に矛盾を提出している問題点を、あの斗いの意味を捉え返すことを、又、新しい世代の諸君が、72年学費斗争の現在に連なる思想性と教訓の血肉化を獲取する事を切に望む」（『影一族　怨の巻』）

（筆者注：「斗い」は、「戦い」と同じ意味である。当時は、学生のビラには、いろいろな略字が使用されたが、これもその一つである）

これまでの戦いの中から、次の世代が現代社会の構造的な矛盾に対して反抗し、戦い、新しい共同性や社会を革新するエネルギーをぜひ見つけてほしいものである。１９７２年学費闘争の被告団の熱い思いを、さらに引き継いでいくことが、１９７５年処分粉砕闘争を戦った私たちを含めた、次の世代の責任だと思われる。ちょっと覗いた限りない青空は、すぐに嵐に覆われ、行く手がさえぎられてしまう。私たちは、烈風の過ぎるのをただ待つのではなく、むしろ苦難の中を、新たな希望を求めていきたいものである。１９７２年学費闘争から１９７５年処分粉砕闘争の歴史を振り返ってみることで、現在の状況を新たな視点から問い直し、現状を打破する何らかの契機となるならば、私たちの責務の一つを果たしたことになるだろう。

あとがき

本書を書くにあたって、当時の多くのビラや資料を参考にさせていただきました。また、当時の大学時代の友人には、私の原稿を読んでいただき、さまざまな有益なアドバイスや資料の提供を受けました。とくに、佐々木雅男君、鈴鹿卓君、寅野滋君、吉田健介君に深く感謝します。また、金森敬君からは「この闘争で人を大事にすることを学んだ」という印象的な言葉と励ましを受けました。さらに、「生理用品無料設置運動」については、木須八重子さん、藤井睦子さんから当時の貴重な話を伺うことができました。

すでに東北大学処分粉砕闘争のかなりの資料は、散逸したり劣化しつつあります。これを保存したり整理する作業が早急に行われる必要があります。これを契機に資料を保存・整理する共同作業が始まることを期待します。

最後に、株式会社幻冬舎メディアコンサルティングの鈴木瑞季さん、並木楓さんにはきめ細かな編集作業、適切なアドバイスをしていただきお礼を申し上げます。

１９７５年から１９７８年までのビラ、新歓パンフなど。なお、東北大学資料館にもこの一部が収集されている。

《主な参考文献》

『東北大学新聞』東北大学新聞社
※　当時は、『東北大学新聞』を名乗った勝共連合の新聞もあった。しかし、これは、片平の東北大学構内にあった半月刊の学生団体の新聞社である。購読料は、一年間２０００円であったが、図書館のラウンジなどにも置いてあり、一部50円でだれでも購入できた。
『東北大学百年史　第一巻～第十一巻』東北大学出版会
『１９６９年における東北大学の学生運動：豊田武教授収集資料を通じて』加藤諭、東北大学資料館紀要Vol.7、２０１２
『１９７０年代における東北大学の学生運動』加藤諭、東北大学資料館紀要Vol.9、２０１４
「『影一族　怨の巻』72年東北大学学費闘争裁判〈被告〉団　冒頭陳述書」１９７２年東北大学〈被告〉団〈被告〉団を支える会、１９７５
『新制大学の誕生　上下』天野郁夫、名古屋大学出版会、２０１６
『戦後教育の原点②──米国教育使節団報告書他』伊ヶ崎暁生、吉原公一郎、現代史出版会、１９７５

本作品はあくまでも著者の記録、記憶をまとめたものであり、一切の団体、企業、学校、個人などを誹謗・中傷するものではありません。

●東北大学処分粉砕闘争——年表
〈明治時代から1964年まで〉

東北大学	日本
	1877年（明治10年） 東京大学設立 法・医・文・理学部 1886年（明治19年） 帝国大学令 「帝国大学ハ国家ノ須要ニ応スル学術技芸ヲ教授シ及其蘊奥ヲ研究スルヲ以テ目的トス」（第一条）とあるように帝国大学は国家に尽くす人材を養成する目的で設立された。 東京大学は改組され帝国大学（法・医・工・文・理）となる。 1893年（明治26年） 帝国大学に講座制導入 1894年（明治27年） 日清戦争 1897年（明治30年） 京都帝国大学設立 これに伴い帝国大学は東京帝国大学と改称

１９０７年（明治40年）
東北帝国大学創立
東北帝国大学農科大学が開設された。仙台に東北帝国大学を置き、札幌農学校を東北帝国大学農科大学とした。

１９１１年（明治44年）
東北帝国大学理科大学開設
澤柳政太郎初代総長に就任「研究第一」「門戸開放」「実学尊重」の理念を打ち出す。
数学・物理学・化学科開設

１９１３年（大正２年）
日本で最初の帝国大学への３人の女子大生入学

１９１７年（大正６年）
東北帝大より農科大学を分離して北海道帝大農科大学とする。

１９２２年（大正11年）
法文部開設
金属材料研究所附置

１９０４年（明治37年）
日露戦争

１９１１年（明治44年）
九州帝国大学開設

１９１４年（大正３年）
第一次世界大戦
ドイツに宣戦布告

１９１８年（大正７年）
北海道帝国大学開設

１９２５年（大正14年）
『女工哀史』（細井和喜蔵著）が改造社より刊行される。

東北大学

1935年（昭和10年）

1939年（昭和14年）
農学研究所附置

1941年（昭和16年）
抗酸菌病研究所附置
選鉱製錬研究所附置

1943年（昭和18年）
高速力学研究所附置
科学計測研究所附置
航空医学研究所附置

日本

1931年（昭和6年）
大阪帝国大学開設

1938年（昭和13年）
2月　科学動員協議会設置
4月　国家総動員法公布
10月　科学動員委員会設置
「昭和十五年度科学動員実施計画綱領」策定

1939年（昭和14年）
名古屋帝国大学開設　理工・医学部

1941年（昭和16年）
真珠湾攻撃

1942年（昭和17年）
東京帝国大学第二工学部を千葉市弥生町に設置

1943年（昭和18年）
「教育ニ関スル戦時臂臑措置方策」閣議決定

１９４４年（昭和19年）
非水溶液化学研究所附置
電気通信研究所附置
１９４５年（昭和20年）
硝子研究所附置
１９４７年（昭和22年）
農学部設置
１９４９年（昭和24年）
・東北帝国大学から新制東北大学となる。
（文・教育・法・経済・理・医・工・農学部）

１９４５年（昭和20年）
第二次世界大戦終戦（日本は、ポツダム宣言を受け入れ無条件全面降伏）
１９４８年（昭和23年）
文部省「十一の原則」
１９４９年（昭和24年）
5月　「大学設置基準」教養部設置
「国立学校設置法」すべての大学は、「新制大学」として再編された。
・東京大学第二工学部学生募集を停止
・7月19日の新潟大学を皮切りに、ウォルター・クロスビー・イールズ（Walter Crosby Eells）（GHQ民間情報教育局（CIE）顧問）は、全国の20数校の大学で「共産主義の教授・スト学生を追放せよ」というレッドパージを説いて歩いた（イールズ声明）。

東北大学	日本
1950年（昭和25年） 5月2日　イールズが東北大学法文1番（片平キャンパス）で講演を行おうとしたが、詰めかけた学生によって、1時間余りで断念し、退散した。占領軍によって学生が4名逮捕された。 **1964年**（昭和39年） 教養部の官制化	**1950年**（昭和25年） 6月24日　朝鮮戦争が勃発 **1951年**（昭和26年） ・東京帝大第二工学部廃止 ・東京大学教養部設置 **1961年**（昭和36年） 「アンネ　ナプキン」が坂井泰子の設立した「アンネ株式会社」から「40年間お待たせしました！」というキャッチフレーズとともに販売された。 **1963年**（昭和38年） ・教養部の「官制化」 ・『女らしさの神話』（ベティ・フリーダン）がアメリカで出版される。

〈1965年から1978年まで〉

東北大学

1965年（昭和40年）

・川内・青葉山総合移転計画
この移転計画には、サークル棟に関する具体的計画は何も含まれておらず、30番台教室は市道の通過予定地となっていた。

・宮城教育大学が東北大学から分離・独立
（東北大学・教育学部教員養成課程の教員養成課程が、県内の教員養成のため独立）
宮城教育大学分離反対闘争が戦われる。

・歯学部設置

1966年（昭和41年）

日本

4月 「ベトナムに平和を！市民連合」（ベ平連）が初のデモを行う。

7月 新東京国際空港の建設地が千葉県成田市三里塚に閣議決定された。

8月 「三里塚芝山連合空港反対同盟」（代表 戸村一作）が三里塚農民によって結成された。

東北大学	日本
1967年（昭和42年） ・6月5日　教養部長との大衆団交 川内総合移転計画により、サークル棟を取り壊し、臨時の部室として30番台教室や教育学部の空いている教室をあてる予定であることが明らかにされた。 ・部室運営委員会（その後、「サークル活動専門委員会」と改称）において、「サークルの臨時部室については、現在のサークル数・スペースを保持すること、移転の場合の部屋の割り当てはサークル協議会に一任すること」が明らかにされた。	10月　第一次羽田闘争 佐藤栄作首相の南ベトナム訪問を阻止するため羽田空港近くで機動隊と新左翼系学生が衝突した。この衝突の最中に京大生山崎博昭君が亡くなった。 11月　第二次羽田闘争 佐藤栄作首相のアメリカ訪問を阻止するため機動隊と新左翼系学生が衝突し、学生が大量に逮捕された。

1968年（昭和43年）

・サークル協議会総会
1965年9月以降、サークル員名簿が警察に流されている可能性があるので、大学当局へのサークル員名簿提出を拒否することが提起された。

10月　新宿騒乱事件
国際反戦デーにベトナム戦争反対を訴える新左翼系学生が新宿駅を占拠し、投石と放火で機動隊と衝突した。警視庁は学生デモに対して初の騒乱罪を適用した。

1969年（昭和44年）

・5月14日　佐川確約
当時の佐川建築委員長は、恒久サークル棟の建築をサークル協議会に確約した。
・「大学立法」粉砕闘争
・宮城県警との三十九項目密約

1月　ニクソン大統領就任
1月18日～19日　東大安田講堂攻防戦
1月20日　佐藤栄作首相　東大入試中止を発表
8月3日　「大学立法」成立
9月5日　日比谷野外音楽堂で全国全共闘結成（東大全共闘の山本義隆が議長、日大全共闘の秋田明大が副議長）

1970年（昭和45年）

・「サークル部室を保証せよ」という学生の要求に対して大学当局は、「サークル部室の現有面積が割合に広いから」などと答えにならないことを述べ、学生のサークル活動を抑圧する態度を示した。

6月23日　「日米安全保障条約」が自動延長された。社会党、共産党、市民団体、新左翼諸派などが反対運動を繰り広げたが、政府は徹底した取り締まりを行い弾圧した。

東北大学

1971年（昭和46年）

・1月23日　サークル活動専門委員会（大学側）とサークル協議会（学生側）と団交（これ以降は、「サ活専団交」と呼ぶことにする）「指導教官制の廃止」「サークル員名簿提出の廃止」「サークル部室の午後8時までの使用延長」が確認された。

・4月20日　サ活専団交

サークル協議会は、恒久サークル棟実現を前提として、使用してはいない旧教室を部室のないサークルに開放し、練習室としても開放することを要求した。これに対して、サ活専は、「旧部室はすべて取り壊す」と回答してきた。

日本

中教審「四六答申」発表

・6月11日　中央教育審議会「今後における学校教育の総合的な拡充整備のための基本的施策について」（四六答申）を発表

・10月24日　教養部長との大衆団交
サークル協議会は、「30番台教室をサークル棟として開放せよ」と要求した。教養部長は、「サークル活動が重要であるという理解に立って、文部省に基準面積を改善するように従来から要請してきた。30番台教室は、現在のサークル部室の移転先として予定されているのであり、現在の部室をそのままにして新たにこれを部室にすることはできない」と返答してきた。

1972年（昭和47年）

1月26日　学生大会（有志）
学費値上げ絶対阻止の無期限ストライキ突入を決定した。しかし、民青のストライキ反対署名のため、2月5日の再度の学生大会が決定された。

東北大学

１９７２年（昭和47年）

２月５日　学生大会

２０００名の学生が結集し、教養部自治会臨時執行部が樹立され、千数百名の賛成で無期限ストライキが決定された。

２月４日

大学当局は、大学を休校にし、後期試験を三月末にし、ロックアウトを行った。

２月９日　サ活専団交中止

大学当局は、１９７２年学費値上げ阻止闘争の高揚を理由に、春休み中にかけてサークル棟を一方的にロックアウトし、学生の会見要求を拒否した。

３月18日　学生大会

３月19日　機動隊導入

十数名の学生が不当逮捕された。学生側は、試験ボイコットで戦った。

日本

２月20日　浅間山荘事件（20日～28日）

３月７日

連合赤軍のリンチ殺人事件が明らかになる。その後、次々と14人の遺体が発見された。

3月24日　学生大会 2400名の学生が結集した。「試験即時中止、白紙撤回、団交要求」を確認した。私服警官が構内をパトロールしながら試験が行われ、受験率は30％であった。 4月8日　大衆団交 8月17日 教養部教授会が夏休み中に行われ、3名退学、2名無期停の処分を行った。 10月18日　サ協総会 サ活専の「移転案」に対し、「1サークル1部室。'69年佐川確約に反しての恒久サークル棟の保証なき『移転』反対」を決定。30番台の開放と恒久サークル棟の建設計画の具体化を要求することを決議した。	5月　沖縄返還 9月　ミュンヘン五輪選手村で11人殺害テロ

東北大学

1973年（昭和48年）

1月12日　サ活専団交

当時のサ協運営委員は、サークル員の意見を無視して、一方的に当局の「移転案」を承認した協定を結んだ。これは、前年10月18日決議「1サークル1部室、恒久サークル棟の保証なき移転反対」に全く反するものであった。

1月19日

「社会思想研究会」から、12月13日のサ活専団交及び1月12日協定に関する公開質問状がサ協運営委員に提出された。これに対して、サ協運営委員は、サ協総会も開かず、質問に答えようとしなかった。

2月15日　「サークル連合」の結成

第1第2サークル棟の取り壊しに反対するサークルは「サークル連合」を結成した。そして、「1サークル1部室、恒久サークル棟即時実現、自主管理、自主運営」

日本

1月　ベトナム和平協定調印（パリ）

を要求することに決定した。
5月18日　サ協総会
「サークル連合」の「恒久サークル棟即時実現、恒久サークル棟の保証なき移転反対、1サークル1部室、自主管理・自主運営、第1第2サークル棟の改修存続、30番台開放」の方針が可決された。
5月25日　サ協総会
サ協運営委員改選が行われ、「サークル連合」統一候補が民青系「全学連」統一候補に勝利した。これ以降、サークル解体攻撃と闘う方針のサ協運営委員が確立される。
7月3日　サ活専団交
サ活専は「教養部として最重要の予算として恒久サークル棟建設案を出す気でいる」と回答。しかし、1・12協定の早急の履行を迫るのみで、1サークル1部室に向けた具体策は示さなかった。これ以降、大学当局の態度は一方的に1・12協定の履行を要求するだけであった。

3月　加藤一郎国立大学協会長、筑波大学方式の他大学への誘導に批判の談話
7月　日航パリ発東京行「ボーイング747型」が日本人1人を含む5人のパレスチナゲリラにハイジャックされる。
9月　筑波大学法案（「国立学校設置等一部を改正する法律」）成立
10月　筑波大学設立

東北大学

1974年（昭和49年）

2月2日　サ活専団交

「文化系の一部のサークルが30番台の一部に入ること、第1、第2サークル棟を一方的に解体しない」ことをサ活専が確約した。

3月19日　第一改革委員会答申

教養部廃止などの東北大学改革の答申が出された。大学全体が研究・教育改革に向かって動き出した。

7月3日　サ活専団交

「第1第2サークル棟の夏休み中の解体はしない」また、「サークル部室内に学外者を入れるときは、サ協と当該サークルの事前承認を得る」ことを確約させた。

日本

8月9日

ニクソン大統領ウォーターゲート事件で辞任

8月30日

「東アジア反日武装戦線」による三菱重工業などの企業連続爆破事件　翌年5月まで9件の爆弾テロが行われた。

12月12日　サ活専団交
サ活専はあくまでも「1・12協定の履行が話し合いの前提である」と述べ、第1、第2サークル棟の年度内の取り壊しの最後通告を行ってきた。サ協は「1サークル1部室の原則をどう思うのか。恒久サークル棟建設のめどがないままの移転には応じられない。川内・青葉山総合移転計画の中で、30番台に道路が通ることになっているのはどうしてか」などと追及したが、サ活専はこれに対して何も答えず、「今年中、移転せよ。サークルを説得せよ。来年の1月25日までには最終的な見解を持って来い」と居直り、1974年度中の第1第2サークル棟解体の意志を表明した。

12月8日　官憲の不当捜査
大学当局は1974年7月3日のサ活専団交での「サークル部室内に学外者を入れるときはサ協と当該サークルの事前承認を得る」という確認を一方的に破棄し、第2サークル棟内の「社会思想研究会」部室に官憲の不当捜査を行わせた。

11月　田中角栄首相退陣

東北大学

日本

1975年（昭和50年）

1月22日　サ活専団交
サ活専は、一方的に団交を拒否して来た。

1月24日　教授会での発言追及
教養部教授会においてサ協運営委員の発言を求めたが受け入れられなかった。このとき、菅野厚生補導委員長（当時）と話し合いを行い、団交拒否の路線であったサ活専に対し団交を開かせることを確認した。

1月28日 警告
1月24日の教授会に「乱入」したとして1名の名指しを含み警告が出た。

2月1日　サ協総会
「1サークル1部室、恒久サークル棟即時実現、自主管理・自主運営、第1第2サークル棟の改修存続を含む仮施設要求、30番台開放」を確認。

2月3日　サ活専団交
2・1決議をもって団交に臨んだが、サ活専は敵対してきて、第1第2サークル棟の解体を迫ってきた。春休み中の第1第2サークル棟の解体はしないとの確約を取った。
5月7日　サ協総会
「1サークル1部室、恒久サークル棟即時実現、自主管理・自主運営」を原則とし、「当面は、第1第2サークル棟の改修存続を含む仮施設要求、30番台開放を要求する」ことを確認。
6月9日　サ協総会
5・7サ協総会の決議を再確認。
6月11日　サ活専団交
「第1第2サークル棟の改修存続、30番台開放、恒久サークル棟即時実現」については合意が見られなかった。第1第2サークル棟の一方的解体はしないこと、6月下旬には再びサ活専団交を開くことを確認した。

3月14日
埼玉県川口市で、中核派書記長本多延嘉が革マル派よって内ゲバにより殺害された。
4月30日
サイゴン陥落によりベトナム戦争終結
5月19日
連続企業爆破事件の容疑者8人全員が逮捕された。

東北大学

日本

1975年（昭和50年）

6月13日　サ協総会

6・11サ活専団交の結果が報告され、今後の方針を討論した。その結果、サ協として「1サークル1部室」の原則に基づき部室のないサークルを中心にして30番台自主使用を開始することが決議された。

6月19日　部室のないサークル連絡会議

30番台自主使用を再度確認した。

6月21日　全サークル員会議

6月23日から30番台を自主使用することを確認

6月23日　30番台自主使用開始

6・17サ協総会での確認に基づき、部室のないサークルを中心にして30番台自主使用が開始された。また、このことに関して教養部長に意見を提出した。

教養部教授会は、30番台自主使用を「不法占拠」と決めつけ、30番台からの学生の退去を命令することを決定した。

警告　30番台自主使用を「不法占拠」と決めつけ、撤去を命令した。

6月25日　サ協総会

再度、30番台自主使用が支持、確認され、教授会の「不法占拠」退去通告撤回要求を決議した。

この方針を支持する新サ協運営委員が選出された。

6月26日

教養部報号外にて「サークル部室に関する教授会の見解」が発表された。その内容は、1973年1・12協定のみにすがるものであり、「1サークル1部室」の原則の要求を拒否する不当なものであった。これに対して教養部長への公開質問状を提出したが返答はなかった。

東北大学

日本

1975年（昭和50年）

6月27日　サ活専が団交を拒否

サ協運営委員は、この日の教授会で教養部長との会見を求めようとしたが、一方的に逃げられた。また、この日、厚生補導委員長との話し合いをした。

6月28日 警告

6・27の事態に関して、大学当局は一方的に「教授会妨害」「厚生補導委員長不法拘束」として警告を出した。

7月1日　サ協総会

30番台自主使用の正当性を確認。自主使用の続行を確認。また、臨時学生大会開催を要求することを決議した。

警告「授業妨害」をしたという理由で警告が出された。

7月3日 警告

「授業妨害」をしたという理由で5名の名指しを含み警告が出された。

7月4日　自治委員会
30番台自主使用をめぐって論争が展開され、「30番台自主使用は不当」という決議を挙げようとした民青系学生たちが糾弾された。

7月4日　教授会
30番台をロックアウトすることに決定。
警告「暴力行為」があったという理由で警告が出された。

7月24日　30番台再ロックアウト
早朝、青葉山に機動隊を配置して教官・事務職員は30番台を再ロックアウトした。以後、30番台は一方的に立入禁止とされた。

7月30日　教養部教授会
この教授会において、サークル部室問題に関する、学生8名（2名退学、6名無期停学）の処分が決定された。

東北大学

1975年（昭和50年）

8月4日

7・30教授会決定による処分が各人に郵送で通達された。これは事情聴取を全く行わないで下された処分であった。そして、「念のために文書で異議申し立てをせよ」という高姿勢のものであった。

8月11日

全学教職員向けに被処分者の声明を配布。

8月12日

警告「落書き」をしたという理由で警告が出た。

8月13日

事務窓口に「教養部長との会見申し入れ書」を提出したが、会見を拒否された。

8月16日

郵送で「教養部長との会見申し入れ書」

日本

8月

日本赤軍ゲリラ5人、マレーシアのクアラルンプールで米・スウェーデン大使館を占拠。日本政府は、超法規的措置として、犯人の要求する過激派7人を釈放、5人を出国させた。

を提出したが、回答はなかった。

8月17日

被処分者は、やむなく文書による異議申し立てを行った。

8月19日　教養部教授会

被処分者の異議申し立て書を吟味すらせず、7・30教養部教授会決定通りの処分が決定された。

8月20日　全学評議会

8・19教養部教授会の決定がそのまま承認され、正式決定となった。あわせて、11名の名指しを含み警告が出た。

◇夏休み中に、旧社会科学人文棟と旧教室が解体された。

9月1日　バリケード封鎖・署名開始

8・20処分に抗議して、A棟をバリケード封鎖した。この日から、臨時学生大会開催要求署名を集め始めた。

東北大学

日本

1975年（昭和50年）

9月2日

大橋厚生補導委員長と、処分に関する公開質問を行っていたのだが、教職員が介入し、妨害された。

警告 A棟バリケード封鎖に対し、警告が出た。

9月3日 警告・サ協総会

9・2の事態に関して、「教官に暴力をふるった」という理由で、警告が出された。サ協総会で「1サークル1部室、恒久サークル棟即時実現、自主管理・自主運営、第1第2サークル棟の改修存続を含む仮施設実現、30番台開放、8・20処分大衆団交実現」が決議された。

9月10日　臨時学生大会

学生大会要求署名により、臨時学生大会

が招集され、3年半ぶりに学生大会として成立した。
この臨時学生大会で、8・20処分は不当であることを確認し、「処分白紙撤回に向けた大衆団交を実現する」旨の特別決議が可決された。

9月11日
自治会執行部は、被処分者との連絡をとらないまま、9・10臨時学生大会における特別決議に基づき、大学当局に団交の申し入れを行った。
警告「授業妨害」をしたという理由で、警告が出た。

9月13日
教養部自治会執行部の団交申し入れに対して、大学当局は「条件が整うならば、今回の懲戒の理由ならびにその経過を説明する目的で、会見の申し入れを受け入れる用意がある」と回答。

東北大学

1975年（昭和50年）

9月16日　前期試験開始

◇前期試験中、教職員による学内パトロールが行われた。

9月25日 警告

前期試験中、「構内の秩序を乱し、試験に支障をきたした」という理由で、警告が出た。

10月4日

教養部自治会執行部は、「処分は当然である」と一貫して主張し続け、被処分者をはじめとする、処分撤回を決議した学生を排除した形で団交を「説明会」に切りかえようとして、秘密裏に予備折衝を行おうとした。これに対し、正常な形での予備折衝を求める学生により糾弾が行われ、双方の間で衝突が起こった。

10月25日 警告

日本

「教授の自由を拘束した」という理由で、警告が出た。
10月27日
大学当局により、団交拒否の告示がなされた。
11月4日
民青系学生が「10・24の衝突で暴行を受けた」という理由により、名指し10名を含む、約60名の学生を警察に告訴した。
11月6日 警告
「授業妨害をした」という理由で警告が出た。
「教室を不法に使用し、落書きをした」という理由で、警告が出た。
11月10日　自治委員会
自治委員会で「教養部自治会執行部罷免、臨時教養部自治会執行部樹立」の旨の議案書が、可決された。
教養部報号外「鉄パイプ、角材、竹竿、ヘルメットの学内持込み及び携行の禁止、覆面の禁止」が告示された。

東北大学

日本

1975年（昭和50年）

11月11日 警告

「暴力行為があった」という理由により、警告が出た。

11月12日　自治委員会・臨時学生大会

教養部自治会執行部罷免声明に関しては、臨時学生大会後に審議することを確認した。

臨時学生大会（有志大会成立）で教養部自治会執行部が罷免され、8・20政治処分白紙撤回のために闘う臨時執行部が選出された。（数日後、民青系学生により、『11・2有志大会に対する異議申し立て』署名が集められ、11・12決定は、無効となった）

11月15日

11・4の告訴により、臨時執行部委員長が、警察に不当逮捕された。

11月16日

1974年7・3協定に反して、警察が、一方的に、教養部構内でサークル部室を含む9ケ所を捜索した。

11月18日 警告
「管理棟に入り、執務を妨害した」という理由で、2名の名指しを含み、警告が出た。
「授業妨害があった」として警告が出た。

11月20日 警告
「8・20以降、一連の不法行為を行った」という理由で、16名の名指しを含み、警告が出た。

12月3日　自治委員会
教養部自治会執行部が辞任声明を撤回。定期学生大会を行わないままに、任期切れに持ち込もうとした教養部自治会執行部が糾弾され、「来週中の定期学生大会開催」を確認した。

12月9日　自治委員会
「9・10決議に基づく大衆団交の実現、自主管理自主運営の恒久サークル棟実現、30番台開放へむけたサ活専団交の実現」の旨の議案書が、可決された。

東北大学

日本

1975年（昭和50年）

12月11日　定期学生大会（学生集会）

この学生大会は、休校措置がとれず、寒風の中、屋外で行わざるを得ないという悪条件の中で行われた。この定期大会中に、機動隊約50名が一方的に導入されたため、学生大会に参加していた学生は、一致団結して追い返した。この後、学生大会が続行され、「機動隊導入に対する抗議声明」を可決し、12・9自治委員会決定の議案書を可決した。

12月17日　サ協総会

「1サークル1部室、自主管理・自主運営の恒久サークル棟実現、、第1第2サークル棟の改修存続を含む仮施設の要求、30番台開放、そのため、サ活専団交を再開させる」などを確認した。

警告「授業妨害があった」として、警告が出た。

警告「職員に暴力を振るった」という理由で、7名の名指しを含み、警告が出た。

12月19日

警告「授業妨害、教官を不法拘束し暴行をした」という理由で、7名の名指しを含み、警告が出た。

警告「厚生会館の自由な利用を妨げる」という理由で警告が出た。

警告「授業妨害」をしたという理由で、5名の名指しを含み、警告が出た。

警告「教官に討論を強要し、暴挙をなした」という理由で、7名の名指しを含み、警告が出た。

◇この日、「異常事態」の中では授業はできないという理由で、大学当局は、2講時以降、20日いっぱいの授業を臨時休校として、ロックアウトした。そして、冬休みに入った。

東北大学

1976年（昭和51年）

1月21日　学生大会（有志）

教養部臨時自治会執行部を樹立し、1月27日〜31日のストライキを決議した。

1月21日〜24日

大学側が、学生を教養部キャンパスから追い出すためにロックアウトを行う。

1月27日　機動隊導入

教養部臨時自治会執行部のストライキに対し、大学側は機動隊を導入した。学生1名が不当逮捕された。

1月28日〜2月5日

大学側によるロックアウト

1月28日　学長室占拠

1・27機動隊導入に対して説明を求めて、学長室を占拠した。19時間に及ぶ加藤睦奥雄学長追及が行われたが、学長はひたすら沈黙を続けた。

2月6日
大学側による後期試験を強行する姿勢に対して、抗議行動がなされた。大学側は、2月6日～12日まで構内をロックアウトした。

2月13日　大学側の後期試験強行
大学当局は、団交拒否のまま、後期試験を強行した。教養部キャンパスの周囲に鉄門を急造する検問体制をしき、数百の機動隊を常駐させる。抗議する学生10数名が、反動教官の指名によって不当逮捕された。

2月13日～19日　後期試験
日曜日でも連続して後期試験が行われた。検問——機動隊の常駐に対して、連日糾弾闘争が展開されたが、自治活動はおろか、一切の批判の自由が封殺された。

3月3日～5日　大学入試

2月
ロッキード事件表面化、米上院多国籍企業小委員会で、コーチャン・ロッキード社副社長が日本政府高官に30億円贈賄したと証言

3月2日
東アジア反日武装戦線、札幌の北海道庁ロビーを時限爆弾で爆破。2人死亡した。

東北大学

1976年（昭和51年）

3月25日　卒業式粉砕闘争

川内記念講堂で卒業式が行われた。1972年学費闘争をくぐりぬけてきた卒業生に連帯のアピールをした。同時に、加藤学長に対して、処分に加担し、容認してきた責任を壇上で追及した。しかし、加藤学長は、すぐに他の教官に守られ、卒業式会場から逃亡した

4月　教養部長が高橋富雄（日本史）から御園生善尚（数学）になった。

臨時教養部自治会執行部を中心として、全C連は、新入生オリエンテーションに取り組む。これが一段落すると反動教官に対する「授業介入」を行った。

4月

4月21日

高橋富雄前教養部長に対しての6時間に及ぶ責任追及がAB棟間で行われた。

日本

4月

『四畳半襖の下張り』（永井荷風、1917年）が『面白半分』に掲載されて摘発を受け、猥褻文書販売罪（刑法175条）であるとして東京地裁から有罪判決を受けた。

5月7日　教育学部学生大会
民青系の自治会を罷免して「処分に反対する臨時執行部」が樹立される。
5月10日
有志サークルによる「30番台教室」の解放が行われた。
5月20日　文学部・教養部で学生大会
文学部と教養部で、民青系の自治会を罷免して「処分に反対する臨時執行部」が樹立される。
6月21日（〜8月7日）　学長室占拠
四学部（教養部、教育学部、文学部、歯学部）学生自治会の要求による学長団交を、大学側に申し込んだが拒否された。これを受け、1月に続いて再度の学長室占拠が行われた。なお、加藤学長は、東京で開かれている国立大学協議会総会に出席していて不在だった。
6月26日　教養部長団交
御園生教養部長は、学生の分断をはかろうと「退学者・無期停学者との解除の分離」を提案してきた。

東北大学	日本
1976年（昭和51年） 6月30日　法学部長団交 　　　　　歯学部長団交 7月1日　経済学部長団交 原田経済学部長は、「E連絡会議」との大衆団交で、「一括解除」が教育上望ましいとの経済学部教授会の決議内容を明らかにした。 7月5日　文学部長団交 7月10日 大学は、夏休みに入った。 7月13日　千葉闘争 千葉県九十九里センターでの「数学学会」で、東北大学教養部数学科の反動教官御園生善尚、渡利千波、北野孝一などに対する抗議を行う。 この抗議活動からの帰途に、6名全員が逮捕された。逮捕の理由は、「建造物侵入」「威力業務妨害」であった。	

7月15日
御園生教養部長が千葉県東金署宛てに「上申書」を提出した。
7月24日　全員起訴
5名が「建造物侵入」「威力業務妨害」で起訴され、「共謀共同正犯」により全員に「傷害罪」がついた。全員が10月まで、3か月間拘留された。なお、1名は、釈放された。
7月27日　教養部教授会
6名の無期停学者の処分の解除が提案され、承認された。
8月17日　全学評議会
ここで正式に、6名の無期停学者の処分が解除された。
8月30日　教養部教授会（2日間開かれた）
「退学者の復学に関して、これを議題に取り上げる」という動議が提出された。
8月31日　教養部教授会
「退学者」の復学について議題にすることを、採決の結果決定した。御園生教養部長は、辞意を表明した。

7月27日
田中角栄前首相を外国為替法・外国貿易管理令違反容疑で逮捕。

東北大学

1976年（昭和51年）

9月3日　教養部教授会

正式に御園生教養部長が辞任し、執行部、拡大連絡会議、評議員らが総辞任した。

9月11日

大内秀明（経済学）教授が教養部長に就任した。

9月13日　サ活専団交

「恒久サークル棟」の概算要求が教養部教授会・評議会の決定にもかかわらず、文部省に一度も提出されていなかったことが明らかになった。

10月22日　教養部教授会

退学者2名の処分を解除することを決定した。

11月16日　東北大学全学評議会

正式に退学者2名の処分が解除された。

日本

1977年（昭和52年） 4月　富山大学での反動教官追及 4月から富山大学に逃亡した北野孝一（数学）教官に対する追及が行われた。	9月　パリ発東京行日本航空ＤＣ８機が日本赤軍に乗っ取られた。政府は、人命尊重の立場から超法規的措置で犯人の要求を受け入れ、拘留中の赤軍派ら９人の釈放と身代金６００万ドルを支払った。
千葉闘争に対する数学科の御園生善尚と渡利千波に対して、10月ぐらいまで続く研究室占拠が行われた。その間に、数学科主任に対する自己批判があり、最終的に御園生善尚と渡利千波教官が自己批判することにより、研究室封鎖が解除された。	
1978年（昭和53年） １９７１年に民青系サークル協議会運営委員とサ活専の間に結ばれた「恒久サークル棟建設の確約なしに30番台教室へ移転」するという内容の１：12密約が、大学当局との合意の上で破棄された。そして、「30番台教室」は、１９９４年に恒久サークル棟が完成するまで使用された。	3月　開港前の成田空港管制塔が新左翼党派と三里塚芝山連合空港反対同盟によって占拠され、無線設備などを破壊された。空港反対同盟と新左翼党派の１１５人が逮捕された。 6月　宮城県沖地震、マグニチュード７・５、死者28人、負傷者１０９６２人の被害があった。

〈1979年から2010年まで〉

東北大学	日本
1993年（平成5年） 東北大学で教養部が解体・廃止された。 1994年（平成6年） 恒久サークル棟完成 教養部長と学生部長により、教養部のそれまでの確認書がすべて無効であることが宣言される。サークル活動の管理は、教養部・サ活専から、学生部に移管された。	1979年（昭和54年） 国公立大学第1回共通一次試験 1983年（昭和58年） 田中角栄元首相に懲役4年、追徴金5億円の実刑判決。 1987年（昭和62年） 中曽根内閣により国鉄民営化される。 1991年（平成3年） 大学審議会は、大学設置基準の一般教育と専門教育の区別を廃止した（いわゆる「大綱化」）。これにより教養部の存在理由が失われ、1997年までの間に、東京医科歯科大学を除き、すべての国立大学で教養部が廃止された。ただし、東京大学は、「教養学部」なので廃止の対象にはならなかった。

1998年（平成10年）
サークル活動の管理は、学生部が53年間の歴史を終え、教養部教官から、完全に事務部の管理となった。

1998年（平成10年）
大学審議会「21世紀の大学像と今後の改革について」を答申。
2000年（平成12年）
大学審議会「グローバル化時代に求められる高等教育の在り方について」を答申。
2001年（平成13年）
大学審議会解散
2004年（平成16年）
国立大学が独立法人化
2005年（平成17年）
国立大学の統合化が進展し、101国公立大学から87大学になった。
小泉内閣により郵政民営化法公布。

2007年（平成19年）
郵政民営化が始まった。
2010年（平成22年）
日本学術会議「二十一世紀の教養と教養教育」を提言。

〈著者紹介〉

石井恭平（いしい きょうへい）

1954年茨城県生まれ。東北大学文学部言語学科卒業。予備校講師を経て、千葉県公立高校教師。

趣味は、ジャズを聞くこと。

論文に『高校生のリスニング力養成—英語CALL教材による自律学習の支援—』（共著、『言語文化論叢 創刊号』、2007）がある。

東北大学処分粉砕闘争《とうほくだいがくしょぶんふんさいとうそう》

2024年3月15日　第1刷発行

著　者　　石井恭平
発行人　　久保田貴幸

発行元　　株式会社 幻冬舎メディアコンサルティング
〒151-0051　東京都渋谷区千駄ヶ谷4-9-7
電話　03-5411-6440（編集）

発売元　　株式会社 幻冬舎
〒151-0051　東京都渋谷区千駄ヶ谷4-9-7
電話　03-5411-6222（営業）

印刷・製本　中央精版印刷株式会社
装　丁　　弓田和則

検印廃止

Printed in Japan
ISBN 978-4-344-94959-1 C0036
幻冬舎メディアコンサルティングＨＰ
https://www.gentosha-mc.com/